영어
⟨진짜⟩ 잘하는 아이는
파닉스합니다

KB185774

영어 {진짜} 잘하는 아이는 파닉스합니다

영어 {1등급}을 만드는 기적의 파닉스 공부법

박은정 지음

성림원북스

차례

 제1부   내 아이 영어 실력, 왜 안 느는 걸까?

제2부 파닉스, 언제 시작하면 좋을까?

제3부 파닉스 공부, 이렇게 시작하자

제4부 원어민처럼 영어가 되는 파닉스 공식

제5부 파닉스 공부의 끝은 없다

2022 개정교육과정 이후
더욱 중요해진 파닉스,
제대로 안 하는 것이 문제

　고등학생들의 모의고사 성적을 분석하면서 놀라운 경험을 하였습니다. 열심히 했는데도 도무지 성적이 안 나오는 학생들이 꽤 많은 겁니다. 그래서 그 이유를 다각도로 살펴보았습니다. 문법 실력이 부족해 제대로 해석하지 못한 것인지, 독해력이 약해서 글을 읽어도 무슨 말인지 모르는 것인지, 배경지식이 없는 것인지 등을 따져보았죠. 그런데 예상과 달리 3등급 이하의 많은 학생들이 단어를 제대로 못 읽어서 성적이 안 나오는 것을 발견하였습니다. 단어를 못 읽으면 그야말로 까막눈인데, 어떻게 지금까지 영어 공부를 해왔을까요?

　놀랍게도 이 학생들은 단어를 외울 때 올바른 영어 소리를 내면서 글자를 써보는 것이 아니었습니다. 틀린 발음으로 읽으면서 쓰거나, 대부분은 스펠링을 하나하나 열거하며 통으로 암기하는 것이었습니다. 그러다 보니 조금 어렵거나 긴 단어는 외우지 못하고, 한 번에 외우는 단어의 개수도 한계가 있었습니다.

성적이 안 좋은 것은 학생의 노력이 부족해서도 아니고, 문법이나 독해의 문제도 아닌 파닉스의 문제였습니다. 이 문제는 비단 고등학생뿐만 아니라 중학생에게도 일어납니다. 다만, 중학생 시절에 드러나지 않을 뿐입니다.

　아이들의 파닉스 실력을 가늠할 수 있도록, 파닉스를 처음 시작할 때 읽는 단어들을 예로 들어보겠습니다. 'girl'이라는 단어는 어떻게 소리가 날까요? [거~얼]입니다. 그런데 파닉스를 모르면 'girl'을 [지알]이라고 읽는 중학생도 있습니다. 고유명사로 된 단어들을 읽어보라고 해도 파닉스를 모른다는 것을 눈치채실 겁니다. 책에 수없이 등장하는 이름들을 제대로 읽지 못합니다. 많은 아이들이 흔한 영어 이름인 Mike[마이크]를 [미키]라고 읽기도 합니다.

　소리 내어 읽기가 잘 안 되는데 쓰기는 제대로 될까요? 그럴 리가 없습니다. 파닉스를 제대로 공부하지 않은 상태에서 채워진 영어는 밑 빠진 독에 물을 붓듯 남아 있을 수 없습니다. 매일 단어 시험을 통과하지 못하는 아이, 집에서 열심히 외워왔다고 하는데 재시험을 봐야 하는 아이, 단어 때문에 영어가 싫다는 아이들에게 파닉스를 다시 가르쳤습니다. 초등학교 고학년, 중학생 그리고 고등학생 등 단어가 안 되는 아이들이 너무 많았습니다. 궁여지책으로 파닉스를 속성으로 가르쳐주었더니 아이들은 심봉사가 눈뜨듯 이제야 영어가 보인다고 했습니다. 영어단어를 외우는 것이 재미있다고 말하는 아이도 생겼습니다.

그런데 아직도 학부모님들 사이에서 파닉스를 꼭 해야 할지, 안 해도 될지에 대해 의견이 분분한 것 같습니다. 파닉스를 해도 영어 실력이 안 는다고 하소연하는 학부모님들도 많은 게 사실입니다. 여기서 우리는 불편한 진실을 생각해 봐야 합니다. 여러분이 갈팡질팡하는 사이에 아이들은 탄탄한 기본기 없이 모래성을 쌓는 영어를 시작합니다. 글자를 제대로 모르는데 무지막지하게 많은 단어를 외우라고 하는 수업으로 아이들은 힘들어합니다. 다른 과목에 비해 많은 시간을 영어에 할애하지만 그다지 실력이 늘지 않는 소모적인 수업을 하느라 고생하는 아이들이 안타깝습니다.

다행히 2022 개정교육과정 이후 초등교육과정에 파닉스 지도를 강화하게 되었습니다. 2022 개정교육과정에서 영어교육과정은 이해(reception)와 표현(production) 2가지 영역으로 개편되었으며, 알파벳과 파닉스 성취기준이 강화되었습니다. 그리하여 초등학생들이 파닉스를 꼭 해야 하게 되었는데, 아직 갈 길이 먼 것 같습니다. 파닉스를 제대로 해야 영어단어도 잘 외우고 스피킹도 술술 잘할 텐데, 문제는 제대로 된 파닉스 수업이 이뤄지지 않고 있는 것입니다.

2019년 기준 우리나라 학생들의 영어 말하기 실력은 전 세계 132위입니다. 10년 이상 학교에서 영어 공부를 하고도 다시 스피킹을 배우기 위해 영어 공부를 시작하는 이상한 나라가 바로 우리나라입니다. UN의 지원을 받다가 이제는 도움을 주는 유일한 국가가 된 우리

나라는 많은 것을 성장시키고 안정화를 찾았지만, 영어 실력은 여전히 제자리입니다. 지금 학교나 학원에서 이루어지는 대부분의 파닉스 수업 역시 제대로 된 학습법이 부재한 상태입니다.

왜 그럴까요? 파닉스 교육이 한국에 자리 잡은 지 얼마 안 되어서 아직 명확한 학습법이 없기 때문입니다. 아이들에게 학습법을 알려줘야 하는 학부모는 물론 영어 선생님들까지 어떻게 가르쳐야 할지 난감할 때가 많습니다. 파닉스 학습법에 대한 연구도 많이 이루어지지 않은 상황입니다.

저는 한국과 미국에서 25년간 수천 명의 학생들을 지도한 바 있는데, 제대로 된 파닉스 학습법이 필요하다고 생각해 왔습니다. 이 책은 현재 우리 주위에서 이루어지고 있는 파닉스 학습법들의 근본적인 4가지 문제를 살펴보고, 올바른 파닉스 학습법을 제시합니다. 이 책을 통해 대한민국 영어교육의 해답을 찾기를 기대해 봅니다.

첫 번째 문제는 파닉스의 필요성에 대해 의문을 제기하는 분들이 있는 것입니다. 파닉스 학습법은 영어권 나라에서도 혼란의 시기를 겪었습니다. 그에 따라 우리나라에서도 파닉스에 대한 찬반양론이 팽팽했습니다. 2007년 미국의 국립읽기위원회(National Reading Panel)가 학생들을 파닉스로 가르쳐야 한다는 결론을 내기 전까지 우왕좌왕했고, 우리나라에서는 2022 개정교육과정 이후 초등 파닉스가 강화되긴 했지만 여전히 그렇습니다. 그렇다면 어떤 이유로 그리고 어떤 방식으로 진행되었는지 파닉스의 역사를 알게 되면 명확한 답을 내릴 수 있습니다.

　두 번째 문제는 우리나라에서 영어를 일상에서 자주 쓰지 않는 것입니다. 영어는 언어입니다. 언어는 말과 글을 익히는 것입니다. 그 나라에서 태어나 자연스럽게 습득되는 과정과 듣지도 보지도 못한 말과 글을 배워가는 과정은 같을 수가 없습니다. 미국에서 태어나고 자라나는 아이가 영어를 배우는 교재와 방법을 우리나라에서 적용될 수가 없습니다. 그럼에도 불구하고 오늘날 많은 파닉스 교재와 학습법은 영어권 나라의 것을 그대로 쓰고 있습니다. 따라서, 영어를 모국어가 아닌 외국어로 배우는 대한민국 파닉스 교육은 달라야 합니다.

　세 번째 문제는 어린이가 아니라 어른의 눈높이에 맞춘 학습법입니다. 우리나라는 전쟁의 폐허를 딛고 초고속 성장을 이루었습니다. 빠르게 안정화된 분야도 많지만 그렇지 않은 분야도 많습니다. 그중 하나가 어린이와 청소년 교육입니다. 안타깝게도 영어는 여전히 어른의 시선으로 교육이 이루어지고 있습니다. 학습의 주체인 학생의 눈높이를 고려하지 않다 보니 올바른 파닉스 학습법이 부재한 상태입니다. 어른의 눈높이가 아니라 어린이의 생각주머니와 학습방법에 바탕을 둔 교육이 이루어져야 합니다.

　네 번째 문제는 부모님들의 아이에 대한 조바심입니다. 한국을 대표하는 '빨리빨리' 문화는 장단점이 있습니다. 이 문화는 경제와 산업에서는 장점으로 기능했지만 영어교육에서는 치명적인 단점이 있습니다. 외국어인 영어는 학습에 바탕을 두고 있습니다. 학습을 위해서는 배우고 익히는 시간이 필요합니다. 더욱이 파닉스는 처음으로 아이의 뇌에 영어 글자 체계를 세워야 하는 일이므로 더 많은 시간이 필요합니다. 그런데도 많은 부모님들이 당장 효과가 안 나타난다고 파닉스 교육을 중도에 포기하시곤 합니다. 모국어인 한글을 익힐 때도 많은 시간이 필요한 만큼 영어 파닉스를 익히는 데도 오랜 시간이 필요합니다.

이 책은 상상을 초월하는 시간과 돈과 노력을 들였는데도 불구하고 영어 실력이 안 느는 근본적인 문제를 알아보고 그 해결책을 제시합니다. 그리고 이론이나 가설 대신 현장에서 25년간 초등학생부터 고등학생까지 많은 아이들에게 파닉스를 가르친 경험을 바탕으로, 처음 영어를 시작하는 초등학생을 위한 파닉스 로드맵을 제시합니다. 시작이 다르면 끝도 다릅니다. 초등학생 때부터 파닉스를 익히면 중학생, 고등학생이 되어서도, 졸업 후에 취업을 하거나 해외 여행을 가서도 귀에 들리는 영어, 말문이 트이는 영어를 할 수 있을 겁니다.

이 책은 학생과 학부모뿐만 아니라 현장에서 아이들을 가르치는 분들을 위해서도 쓰여졌습니다. 이 책을 통해 공교육과 사교육을 통합하는 파닉스 교수법을 모색했는데, 영어의 절대적 기본기인 파닉스를 지도하는 데 도움이 되길 바랍니다.

끝으로 이 책을 펴내는 데 도움을 주신 분들에게 감사의 말을 전하고 싶습니다. 우선 막내딸인 저를 항상 응원하시는 우리 부모님, 제가 뭘 해도 자랑스럽게 여겨주시는 론 앤 셰리(Ron and Sherri) 그리고 빌 앤 바바라(Bill and Babara), 바쁜 엄마를 이해해 주고 응원하는 사랑하는 아들 박주원과 남편 루크(Luke), 늘 사랑과 응원의 말씀으로 격려해 주시는 바경란 선생님과 최성연 이사장님, 나의 시작과 끝을 함께해 주는 내 언니 박현선, 친구들과 동료들, 그리고 이 책이 나올 수 있도록 이끌어주신 우희경 작가님과 성림원 출판사 편집팀, 무엇보다 현장에서 파닉스 수업으로 애쓰시는 우리 선생님들에게 깊은 감사와 사랑을 보냅니다.

지은이 박은정

글로벌 인재로 나아가는 첫걸음

박창수 UN ECOSOC NGO FLML 총재, 행정학 박사

요즘 우리나라 아이들은 아주 어릴 때부터 영어를 시작합니다. 부모들은 너 나 할 것 없이 영어를 하고 있다는 것에 안도감을 느끼는 것 같습니다. 그러나 정작 시기만 앞당겨졌지 제가 어렸을 때 공부하던 암기식 영어를 벗어나지 못하고 있는 것 같습니다. 그런데 이 책은 그 문제에 대한 해답을 주고 있습니다. 오랜 기간 영어를 했음에도 불구하고 말 한마디 제대로 못 하고 영어를 힘들어하는 이유는 파닉스를 제대로 안 했기 때문입니다.

요즘 파닉스에 대한 중요성이 꾸준히 제기되고 있고 접근법 또한 다양해지고 있습니다. 이 책은 파닉스가 단순한 발음을 넘어 앞으로 공부하는 영어 공부의 태도와 습관을 길러준다고 합니다. 그리고 파닉스를 통해 아이들이 능동적으로 영어를 사용할 수 있도록 생각을 열어주고 사고의 가지를 뻗어 나갈 수 있도록 돕고 있습니다.

국제 사회와 교류하기 위한 진정한 소통은 언어에서 시작됩니다. 단순히 암기에 그친다면 소통하는 데 한계가 있습니다. 진정한 소통을 위해서는 자신의 생각을 표현해내야 합니다. 이를 위해 파닉스를

제대로 익혀 글로벌 인재로 나아가는 첫걸음을 잘 내딛기를 응원합니다.

기초가 탄탄한 언어의 집을 세워주는 로드맵

김슬옹 세종국어문화원 원장, 국어교육학 박사

대한민국의 세종대왕이 애민정신으로 만든 한글이 세계적으로 사랑받는 이유는 배우기 쉽고 과학적이기 때문입니다. 저는 한글학자로서 오랫동안 해례본을 연구하고 훈민정음을 세계에 널리 보급하는 데 앞장서 왔습니다.

우리는 너무나 잘 알고 있습니다. 훈민정음 해례본이 기초가 **탄탄**한 언어의 집을 세워주는 로드맵이란 것을요.

건축물이든 언어든 기초가 튼튼해야 합니다. 처음 알파벳을 배우고 소리를 배우는 파닉스 과정을 거치면서 영어를 모국어처럼 쉽게 느끼고 자신감을 갖는 것은 중요합니다. 영어로 자신의 생각을 표현할 때 우리말의 기초부터 단단히 다져야 합니다. 배우기 쉽고 아름다운 표현이 많은 우리말로 언어의 뿌리를 단단히 다지면 외국어의 뿌리도 그만큼 깊어진다는 저자의 말이 깊은 울림으로 남습니다.

파닉스를 통해 영어를 올곧게 세우고, 영어로 우리나라의 아름다운 언어나 정서를 잘 표현할 수 있는 그날을 꿈꾸며, 아이들이 언어의 집을 세우는 데 이 책이 밑거름이 되기를 바랍니다.

어린이의 눈높이로 수업하는 파닉스

최성연 국제통번역자원봉사단 이사장

박수받고 자란 아이는 힘든 일이 있을 때마다 이겨내는 힘이 있습니다. 공부도 마찬가지입니다. 성취감을 맛보면서 공부한 경험이 있는 아이들은 다른 힘든 과제가 주어져도 이를 극복하고 해결할 능력이 생기는 것입니다.

이제껏 어른들의 눈높이로 만들어진 교재로 공부한 초등학생들이 영어를 배우는 과정에서 자신에게 맞지 않는 큰 옷을 입고 있다고 생각합니다. 어린이의 눈높이에 맞춰 영어를 익히고, 틀려도 응원해 주는 커리큘럼 과정을 중시하는 교육 철학이 담긴 이 책을 추천합니다.

이 책은 어린이의 마음을 이해하고 어린이의 눈높이에 맞춘 파닉스 가이드북입니다. 아이들의 영어 실력을 향상시킬 뿐만 아니라 공부하는 과정에서 성취감을 맛보고 한 단계 한 단계 성장해 나가는 길잡이의 역할을 해내리라 생각합니다.

제1부

내 아이 영어 실력,
왜 안 느는 걸까?

파닉스가 뭐길래,
많이들 시킬까?

"저희 아이는 영어 과외까지 받는데도 오히려 성적이 떨어졌어
요   ."

"유치원 때부터 영어학원에 보냈는데도 듣기와 말하기에 자신 없
어 합니다."

"수학과 국어에 비해 영어는 1등급을 받기가 수월하다는데, 영어
공부를 안 하려는 게 문제예요!"

"초등학생인데도 벌써부터 영어 공부가 지겹다고 해서 걱정이에
요."

요즘 아이들은 걸음마를 시작할 때부터 영어를 입에 달고 삽니다.
유치원 또는 어린이집에 다닐 무렵부터 영어학습지는 한두 개 필수로 하고 영어학원에 다니는 아이도 많습니다. 많은 부모님들이 영어 교육에 지극정성이신데, 안타깝게도 자녀의 영어 실력은 반드시 투자한 시간과 돈에 비례하지는 않는 것 같습니다. 왜 그럴까요?

저는 한국과 미국에서 생활하며 많은 아이들에게 영어를 가르치고 있는데, 영어의 기본기를 다지는 데 있어 파닉스만큼 중요한 게 없는 것 같습니다. 그래서 파닉스를 전문적으로 교육하고 있는데, 아직까지 파닉스에 대해 생소하신 분들이 많은 것 같습니다.

얼마 전부터 우리나라에도 파닉스를 공부하는 아이들이 생기게 되었는데, 영어 공부를 파닉스로 시작하는 아이들이 점점 늘고 있습니다. 그래서 주위에서 "우리 애 곧 파닉스 들어간다", "파닉스 끝냈다"라는 말들을 많이 들으셨을 겁니다. 요즘 부모님들은 파닉스를 모르면 영어교육과 관련된 대화를 제대로 하지 못할 지경인 것 같습니다. 그러나 정작 부모님들은 "파닉스가 무엇인가요?"라고 질문을 받으면 말문이 탁 막힙니다. 왜 그럴까요?

현재 학부모이신 여러분이 영어를 배우기 시작할 때 파닉스라는 말은 없었습니다. 중학교 1학년 때부터 영어를 시작한 세대들은 발음 기호로 영어 읽기를 배웠습니다. 그때도 파닉스라는 용어는 없었습니다. 우리나라에서는 1997년부터 듣기와 말하기를 초등영어 과정에 본격적으로 도입하였으나 실제로 파닉스는 그보다 한참 후인 2015년에 도입되었습니다. 파닉스가 도입된 지 불과 10년도 안 되었고, 영어권에서도 파닉스에 대해 찬반으로 의견이 갈려, 파닉스란 단어가 더 낯설 수밖에 없는 것 같습니다.

그런데 이제는 영어 공부를 시작할 때 파닉스부터 해야 한다고들 하는데, 도대체 파닉스는 무엇일까요? 사전에 의하면 파닉스는 '글자(문자언어)와 소리(음성언어)의 일정한 규칙을 이해해서 글 읽기에 도움을 주는 학습방법'입니다. 다시 말해, 소리가 글자가 되고 글자가 소리가 되는 원리를 이해하는 것입니다.

파닉스는 우리말의 한글 깨치기와 같습니다. 우리나라 아이들은 태어나면서부터 들어오던 한글 소리들을 초등학교 입학 무렵부터 한글 글자를 끄적이며 한 글자 한 글자 배우면서 글자를 익혀나갑니다. 자신이 알던 말(소리)에 글(글자)을 연결해 가는 과정이 바로 한글 깨치기입니다.

마찬가지로 파닉스는 영어 소리에 알파벳 글자를 연결할 수 있도록 그 규칙을 알아가는 것입니다. 영어권 아이들은 글을 읽기 시작하는 시기가 되면 가장 먼저 파닉스 수업을 합니다. 이후 책읽기로 확장됩니다. 듣기와 말하기, 읽기와 쓰기의 기초를 다지는 데 유용한 기본기가 바로 파닉스입니다. 파닉스는 영어를 몸으로 익히고 뇌로 기억하게 합니다. 귀와 입으로 하는 말을 눈과 손을 쓰면서 뇌에 각인시키는 활동이 파닉스입니다. 그래서 파닉스를 통해 말과 글의 규칙을 이해하면 모든 영어 글자를 소리 내어 말할 수 있고, 들은 소리를 영어 글자로 쓸 수 있게 됩니다.

제가 가르친 가희는 초등학생 때는 영어를 잘하는 아이였습니다. 이 아이는 영어학원에도 다니고 과외도 받았고, 선생님들이 내주는 단어암기 숙제도 빠짐없이 해냈습니다. 초등학교 4학년 때는 이미 중학교 필수영어단어를 모두 외울 정도라서 학교에서 영어 시험을 보면 좋은 점수를 받았습니다. 그런데 중학생이 되자 점점 영어에 흥미를 잃게 되었습니다. 갈수록 어려운 단어를 암기해야 하고, 외어야 할 단어의 수도 늘어나자 초등학생 때처럼 성적이 잘 나오지 못했습니다. 그러자 점점 영어에 흥미를 잃고 성적도 떨어지고 말았습니다.

　왜 가희의 영어 실력은 중학생이 되자 늘지 않았을까요? 바로 파닉스를 안 했기 때문입니다. 새로운 단어를 만날 때마다 말(소리)에 글(글자)을 연결해 가는 파닉스의 원리대로 학습했다면 좋았을 텐데, 무턱대고 읽고 쓰며 암기하느라 공부한 시간 대비 학습 성과는 나타나지 않았습니다.

　아무것도 안 하는 것보다 문제를 깨닫고 개선점을 찾는다면 희망이 생기는 것 같습니다. 당시 국내에는 파닉스가 도입되지 않았는데, 저는 가희에게 문제해결책으로 파닉스를 가르쳐주었습니다. 물론 그 과정이 마냥 쉽지는 않았지요. 꽤 오랫동안 암기로 굳어진 학습법을, 몸과 뇌에 깊이 각인된 그 학습법을 고쳐나가는 데 꽤 많은 시간이 걸렸습니다. 이제까지의 학습법을 버리고 파닉스를 택하면서부터 가희에게는 불안감도 엄습했지요.

　자전거를 처음 탈 때 몸의 균형을 유지하기 위해서는 페달을 밟고

앞으로 나아가야 합니다. 몸의 중심을 잡기 위해 제자리에서 버티려고만 하면 이내 중심을 잃고 쓰러지게 마련입니다. 초등학생 때까지만 해도 가희는 또래 수준 이상의 많은 단어들을 암기한 덕분에 중심을 잃고 쓰러지지 않을 수 있었지만 보다 많은 글자를 익히려면 암기로는 한계가 있을 수밖에 없습니다. 앞으로 나아가기 위해서는 페달을 밟아야 하는데, 파닉스는 영어 공부에 기본적으로 필요한 페달과도 같습니다. 가희는 파닉스를 완전히 익히기 전까지 중심을 잃고 넘어지곤 했지만 결국에는 페달을 밟으며 시원하게 달려나가게 되었습니다. 다시 영어에 흥미를 느끼고 새로 만나는 단어도 자연스레 듣고, 말하고, 읽고 쓰게 되었습니다.

파닉스 꼭 해야 할까?
하지 않아도 될까?

앞에서 살펴본 바와 같이, 파닉스란 소리 나는 대로 글을 쓸 수 있고, 글을 읽는 대로 소리 낼 수 있는 규칙을 배우는 것입니다. 그런데 영어권 나라에서도 "파닉스를 해야 한다", "하지 않아도 된다" 또는 "하지 말아야 한다"라고 말하는 등 파닉스에 대한 찬반 논쟁은 뜨거웠습니다.

우리 아이들이 초등학교에 입학할 즈음 한글 깨치기를 통해 글 읽기를 시작하는 것과 마찬가지로 영어권 아이들도 파닉스를 깨치며 글 읽기를 시작하는데, 우리나라에서도 파닉스를 두고 여전히 갈팡질팡하는 모습입니다. 영어 공부를 시작하는 자녀를 둔 제 주변의 지인들이 저에게 가장 많이 묻는 것은 "파닉스는 꼭 해야 되느냐?" 또는 "안 해도 되느냐?"입니다. 영어를 쓰는 미국이든 영어교육열이 강한 한국이든 파닉스 교육에 대해서는 호불호가 갈리는가 봅니다.

우리가 지금 쓰는 영어의 철자 체계는 1700년 이전에는 없었습니다. 미국을 건국하는 과정에서 벤자민 프랭클린(Benjamin Franklin)과 노아 웹스터(Noah Webster)는 말해지는 대로 쓰이고 있는 당시의 영어 철자를 통일해 모두가 이해할 수 있는 문자언어의 기초를 세웠습니다. 1800년 이후에는 미국 공립학교의 아버지라 불리는 호레이스 만(Horace Mann)이 처음으로 파닉스 학습법을 발표했습니다. 그전까지는 통글자 학습(Whole language learning)이 이루어졌는데, 처음으로 낱글자 학습의 새 모델을 제시하였습니다. 그러나 통글자 학습과 낱글자 학습에 대한 찬반 논쟁은 뜨거웠습니다. 이때부터 읽기 전쟁(reading war)이 시작됩니다.

지난 200여 년간 낱글자 학습인 파닉스를 해야 한다는 주장과 통글자 학습을 해야 한다는 주장이 팽팽히 맞서다 보니 미국의 어떤 주에서는 파닉스 수업을 적극적으로 시행하고, 어떤 주에서는 통글자 학습에 중점을 두는 등 주마다 교육정책이 달라지게 되었습니다. 오랫동안 이어진 이 논쟁은 2000년대에 들어와서 영어권의 모든 나라에서 파닉스 학습을 지지하는 움직임을 보이면서, 많은 공교육에서도 정규 수업과정으로 채택하게 되었습니다. 그리고 우리나라에서도 2022 개정교육과정 이후 초등교육과정에 파닉스 수업을 강화하게 되었습니다.

미국에서 파닉스 학습을 반대하는 이들은 "약 40%의 학생은 어떤 프로그램과 도움 없이도 글자를 읽는 학습이 가능하니, 굳이 파닉스 학습을 할 필요가 없다"고 말합니다. 오히려 "파닉스 학습으로 많은 시간을 낭비하고 글 읽기를 방해하기 때문에 파닉스 학습을 하지 말아야 한다"고 주장합니다.

이와 반대로, 파닉스 학습을 찬성하는 이들은 "파닉스 학습 자체가 글 읽기에 큰 피해를 주지 않는다"고 말합니다. 더욱이 "파닉스가 원래 비영어권 사용자들의 학습을 돕고자 만들어진 취지를 고려하면, 많은 책을 읽을 수 없는 환경에 처해 있거나 제2의 언어 또는 외국어로 학습해야 하는 학습자에게 파닉스 학습은 분명 도움이 된다"고 말합니다.

파닉스 학습의 반대론자들은 "40%의 학생이 많은 책을 읽으며 통글자 학습이 가능하다"고 주장하는데, 반대로 60%는 그렇지 못합니다. 더욱이 이들이 주장하는 수치는 영어를 모국어로 배우는 학생들을 기준으로 내세운 것이라서, 영어를 외국어로 학습하는 경우에는 훨씬 더 그 수치가 떨어질 수밖에 없습니다. 한국의 아이들은 원어민 아이들처럼 영어로 된 책을 많이 접할 수 없습니다. 따라서 영어를 모국어가 아닌 외국어로 학습하는 한국 학생의 경우에는 파닉스 학습이 필요합니다.

파닉스 학습에 반대하는 이들은 또 다른 이유로, "파닉스의 규칙은 모든 글자의 약 70%만 적용되기 때문에 파닉스로 읽지 못하는 글자들도 있으니 파닉스를 할 필요가 없다"는 의견도 내세웁니다. 그러나 원어민에 비해 상대적으로 영어에 덜 노출된 우리나라와 같은 환경이라면, 약 70%의 글자들에 적용되는 그 규칙조차도 알지 못한다면 영어 글 읽기를 도저히 할 수 없을 것입니다. 글을 도무지 읽을 수 없으니 영어 공부를 시작하기도 전에 흥미를 잃을 수밖에 없습니다. 실제로 중학생과 고등학생 중에는 초등학생 때 파닉스를 제대로 익히지 못해서 못 읽는 아이들이 꽤 많습니다. 글을 제대로 못 읽으면 모든 글자를 통으로 암기하거나 대충 읽으면서 지문을 따라가야 하니, 글 읽는 속도가 느려지고 지문의 이해도가 떨어집니다. 실제로 저는 답답함을 호소하고 영어 자체를 싫어하게 되는 학생들을 자주 목격합니다.

우리나라에서 파닉스 학습이 꼭 필요하다고 운운하기 전에, 영어를 모국어로 쓰는 미국에서도 "파닉스는 해야 한나!"는 결론이 드디어 나왔습니다. 2007년 미국의 국립읽기위원회(National Reading Panel)은 "파닉스로 가르쳐야 한다"는 결론을 발표했는데, 뜨거웠던 파닉스의 찬반 논쟁에 종지부를 찍는 반가운 소식이 아닐 수 없습니다.

영어를 모국어로 사용하는 미국의 뉴욕타임즈 2023년 2월 기사는 "미국 학생들의 글 읽기 실력 저하의 원인을 파닉스에서 찾았다!"라고 발표했습니다. 파닉스 없이는 리딩의 첫 번째 과정인 소리 내어 읽기, 즉 낭독을 할 수 없습니다. 글을 소리 내어 읽지 않으면 제대로 이해할 수 없기 때문에 글 읽기가 늦어지는 결과를 초래합니다. 그래서 미국 정부는 파닉스 수업에 지원을 늘리고 더 탄탄한 커리큘럼을 만들려 한다는 기사를 실었습니다.

제 아이가 다니는 플로리다주의 세인트 존스(St. Johns) 지역에 있는 학교는 미국에서 톱 10에 드는 공립학교입니다. 여기서도 파닉스 수업이 아주 오래전부터 진행되고 있습니다. 오늘날의 미국 부모 세대에게도 이런 파닉스 수업은 새로운 교수법으로 다가옵니다. 베이비붐 세대인 지금의 70대가 초등학교를 다니던 시절인 1950년대에는 파닉스가 아예 없었습니다. 제가 미국 현지에서 만난 한 어르신은 "낭독하는 시간이 되면 글을 못 읽는 친구가 더러 있었다"고 합니다. 그분은 친구들이 못 읽으면 어떻게 하나 싶어서 친구 대신 마음이 조마조마했다고 합니다.

그러다 현재 초등학교를 다니고 있는 자녀를 둔 부모 세대가 학교를 다니던 1970~1980년대에 이르러 서서히 파닉스 수업이 생겨나기 시작했지만 보편화되지는 않았습니다. 앞에서 언급했듯이 미국의 주마다 교육정책이 달라서 파닉스 수업이 채택되기도 하고 그렇지 않기도 했습니다. 파닉스 수업을 하지 않았던 학교에는 한 반에 글을 못 읽는 친구들이 여럿 있었고, 심지어 고등학교를 졸업할 때까지 문맹으로 남게 되는 학생도 있었다고 합니다.

이제 파닉스는 미국뿐 아니라 우리나라도 필수로 채택한 교육과정으로 자리 잡았습니다. 하지만 우리나라 부모 세대들이 파닉스를 익히지 않았으니 그들의 눈높이에서는 여전히 파닉스에 대한 의구심이 남아 있는 것 같습니다. 그러나 영어권 나라에서 발표한 많은 연구 결과와 현장의 선생님들이 경험하신 파닉스의 효과를 생각하면, 파닉스는 영어권 학생들뿐만 아니라 우리나라 학생들에게도 분명 효과가 있는 것 같습니다. 미국 학교에서 수업하시는 선생님들도 백배 공감하신다고 하니, 파닉스 수업의 필요성은 두말하면 잔소리일 겁니다.

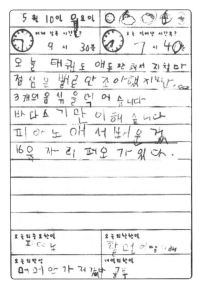 

제 아이가 초등학교 1학년 때 한글과 영어를 처음 익히면서 쓴 일기입니다. 영어든 한글이든 글자의 규칙을 터득해야 제대로 읽을 수 있고 쓸 수 있습니다. 가끔은 통글자로 익히는 경우도 있지만 대부분은 낱글자의 규칙을 배워야 점차 글 읽기를 확장할 수 있습니다. 한글 깨치기도 영어 깨치기도 똑같은 과정을 거칩니다. 영어든 한국어든 낱글자의 규칙을 이해해야 점차 많은 단어를 익히고, 문장도 읽을 수 있게 됩니다.

파닉스의 역사를 알면,
파닉스 학습이 보인다

영어를 학습하다 보면 소리의 규칙대로 안 읽히는 경우가 종종 있습니다. 전 세계에서 가장 과학적인 글인 한글을 쓰는 우리가 소리와 글자의 규칙이 70% 정도만 적용되는 영어를 학습하다 보면 답답함이 밀려옵니다. 30%의 불규칙성을 가진 영어를 그나마 문과 성향의 친구들은 받아들이는데 이과 성향의 친구들은 상대적으로 힘들어합니다. 소리대로 글자를 쓸 수 있고 글자대로 소리 낼 수 있는 우리말과 달리 영어는 파닉스 규칙의 약 70%만 적용됩니다. 왜 이런 현상이 나타나는 걸까요? 영어의 형성 과정에 그 답이 있습니다.

대부분의 언어가 한 지역에서 만들어지고 사용되는 것과 달리 영어는 오랜 시간을 두고 여러 나라의 말들을 흡수하고 서로 영향을 주고받으면서 서서히 쌓여 만들어진 언어입니다. 사전 편찬자인 코리 스탬퍼(Kory Stamper)에 의하면 "거의 1,500년 이상 약 350개의 언어가 섞여서 지금 영어의 80%를 만들었다"고 합니다. 영어를 'melting pot(용광로)'이라고도 표현할 만큼 여러 나라의 어휘가 영어라는 큰 용광로 안에 녹아 있습니다. 이 때문에 파닉스 규칙의 약 70%만 적용되는 것입니다. 미국에 살면서 병원이나 관공서에서 자신의 이름을 말하게 되면, 늘 "How do you spell your name?(네 이름의 철자가 뭐니?)"라고 묻습니다. 소리대로 글자가 써지지 않으니 이런 일이 생기는 겁니다.

그렇다면 우리나라에서 영어 수업은 언제 처음 시작했을까요? 조선 시대 말기에 서방 국가와 본격적으로 교류하기 시작하면서부터였습니다. 그때는 지금과 사뭇 다른 방식의 수업이었습니다. 당시에는 영어교육이 보편화되지 않았기에 제한된 학생들만 수업받을 수 있었습니다. 그리고 지금 우리 학생들의 수업방식과는 달리 직접식 교수법이라고 하여 말하기와 듣기에 중점을 두고 의사소통 능력을 극대화한 방식으로 수업했습니다. 교사와 학생이 서로 적극적으로 묻고 답하는 문답형 수업활동으로 진행되었습니다. 그러니 말이 되는 영어를 할 수 있었습니다.

이런 좋은 수업이 지금까지 이어지지 못하고 뒤틀린 것은 일제강점기를 거치면서 문법과 번역 위주의 수업이 확산되었기 때문입니다. 이때 시작된 수업은 지금까지 대한민국 영어교육의 근간이 되고 있습니다. 이런 수업은 정작 중요한 회화를 뒷전으로 밀리게 하지만 수업의 통제가 쉽고, 문제출제와 채점도 쉬우며, 많은 학생을 가르칠 수 있으므로 장점이 있습니다. 그러나 암기할 양이 대단히 많고 듣기와 말하기 실력은 거의 늘지 않는 단점이 있습니다.

이런 어처구니없는 수업을 고수한 한국과 일본의 학생들은 회화가 느리고 영어를 실제 발음과 달리 부정확하게 구사합니다. ETS 주관의 TOEFL 영어 말하기 대회에서 2019년 한국인의 영어 말하기 능력은 세계 132위인데, 이 순위는 소말리아보다 아래입니다. 이후 말하기 영역에 집중해서 지금은 이보다 순위가 조금 올라갔다고는 하지만 여전히 영어 말하기 실력은 턱없이 부족합니다.

글을 번역하기 위한 목적으로 만들어진 이런 수업은 입을 닫고 눈으로만 읽게 하는데, 이런 수업방식이 이렇게 오랫동안 유지되고 있는 것이 놀랍기만 합니다. 이 수업방식이 지금도 중학교와 고등학교 영어 수업에서 아이들을 괴롭히고 있습니다. 영어를 모국어로 쓰는 원어민들조차도 풀지 못하는 문법 문제가 공교육의 중간고사와 기말고사로 출제됩니다.

교실 밖에서는 써먹지 못하는 영어에 대한 돌파구로 1990년을 기점으로 많은 대학생들 사이에 어학연수 붐이 일게 됩니다. 저 역시그 당시에 영어를 잘하고 싶어서 새벽반에서 영어 말하기 수업도 듣고 팝송을 듣는 등 여러 시도를 했습니다.

이러한 우여곡절 끝에 1997년 초등학교 정규과목으로 영어가 채택됩니다. 찬반양론 끝에 어렵게 시작된 우리나라 초등 영어교육이었지만 음성언어에 너무 치중한 나머지 문자언어는 배제된 형태의 수업으로 시작하게 됩니다. 우리나라 초등 영어교육에 있어 가장 오랜 기간 적용된 제7차 교육과정은 2000년부터 2011년까지 이어졌으나 제6차 교육과정과 마찬가지로 파닉스는 거의 반영되지 않았습니다.

언어는 듣기와 말하기, 읽기와 쓰기가 한꺼번에 이루어져야 하는데도 불구하고 듣기와 말하기는 3학년과 4학년 때에 하고, 읽기와 쓰기는 5학년과 6학년 때에 따로 했습니다. 이후 2011년부터 시행되는 2007 개정교육과정에서 본격적으로 파닉스를 도입되게 되었습니다. 3학년 1학기에 듣기와 말하기를 공부하고, 3학년 2학기에 읽기와 쓰기를 바로 이어서 공부하는 것으로 방향을 전환하게 됩니다.

이후 2014년부터 적용되는 2009 개정교육과정에서는 언어의 4가지 활동인 듣기, 말하기, 읽기, 쓰기를 3학년 1학기에 모두 공부함으로써 알파벳의 소리와 철자의 관계를 이해하는 것에 수업의 목표를 두고 있습니다. 하지만 아직 갈 길이 멉니다. 2022 개정교육과정 이후 초등 교과과정에서 파닉스가 강화되기는 했지만 파닉스 수업은 아직 흉내만 내는 정도로 하고 있습니다.

모든 언어의 학습은 편식 없이 균형을 이루어야 바람직한 결과를 맛볼 수 있습니다. 듣기, 말하기, 읽기, 쓰기가 선순환을 이루어야 최소한의 노력으로 최대의 결과물을 낼 수 있습니다. 곰곰 생각해 보면, 대한민국에서 영어교육이 처음 시작된 이후 일제강점기를 거치며 말하기 중심의 수업에서 문법 중심의 수업으로 바뀌었습니다. 그로 인한 반작용으로 음성언어 중심의 영어교육에 치우치게 됐습니다. 그렇지만 이제는 음성언어와 문자언어의 균형을 맞추기 위해 파닉스를 도입했고, 언어의 4가지 활동인 듣기, 말하기, 읽기, 쓰기를 통합하는 수업을 하고 있으니 반가울 수밖에 없습니다.

다만, 파닉스를 어른의 눈높이가 아닌 아이의 눈높이에서 가르쳐야 더 나은 교육이 이뤄지지 않을까 싶습니다. 학습의 주체인 아이의 눈높이에 맞춘 탄탄한 커리큘럼이 자리 잡으면 금상첨화일 텐데요, 이에 대해서는 뒤에서 좀 더 이야기하도록 하겠습니다.

우리나라 파닉스 교육,
뭐가 문제일까?

짧은 시간 동안 우리나라 영어교육은 많은 변천사를 겪었는데, 그에 따른 혼란은 고스란히 부모님들의 몫이 되었습니다. 부모님들은 자신이 학창시절에 공부하던 대로 자녀를 교육해서는 안 될 것 같아서 학원 등 여러 교육기관의 수업방식에 관심을 기울이십니다. 많은 학원들은 자신의 방식이 옳다고 주장합니다. 그리고 옆집 엄마에게 아이의 영어교육을 상담하기도 합니다. 그 집 엄마 역시 자신의 아이가 성공한 방식과 영어 학습법을 내밀며 그것이 정답이라고 말합니다.

파닉스는 음성언어와 문자언어의 규칙을 배우는 것입니다. 영어권에서는 아이들이 태어나자마자 듣고 말하면서 영어 소리에 노출됩니다. 이후 문자언어를 배우는 시기가 되면 이미 알고 있던 음성언어와 연결시키기만 하면 됩니다. 영어권 나라에서 태어난 아이들과 달리 우리나라 아이들은 태어나자마자 영어가 아니라 우리말을 듣고 자라납니다. 바로 이 점을 고려해 파닉스 수업을 시작해야 합니다. 그런데 여러 교육기관들이 각자의 목소리를 내며 다양한 형태의 파닉스 수업을 하고 있습니다.

어떤 파닉스 수업은 음성언어에 집중해 원어민 발음을 연습하는 것을 파닉스 수업이라고 합니다. 또 어떤 수업은 문자언어에 집중해 영어식 발음은 뒷전으로 밀어 넣고 일단 영어 글을 읽는 수업을 진행하기도 합니다. 그리고 어떤 수업은 음성언어와 문자언어 모두를 다루기도 합니다. 좋은 결과를 내는 수업도 있지만 진도만 나가는 데 급급한 수업도 있습니다. 정신없이 수업하다 보니 끝나고 나서 제대로 영어 발음도 못 하고 그렇다고 잘 읽는 것도 아닌, 이도 저도 아니게 됩니다. 현재 대한민국에서 이루어지고 있는 파닉스 수업방식과 학습의 장단점을 살펴보겠습니다.

| 음성언어에 집중하는 수업

음성언어에 집중하는 수업은 영어 발음을 듣고 따라 하도록 합니다. 이 방식의 수업은 학생에게 부담이 없고 쉽게 시작할 수 있는 것이 장점입니다. 쓰기를 거의 하지 않고 듣고 따라 말하기 위주의 수업이라서 어려워하지도 않습니다. 수업을 받는 동안에는 발음도 좋아집니다. 그러나 단점도 있습니다. 오랜 기간(최소 1년 이상) 수업하는 것에 비해 수업을 그만두면 좋아진 발음이 유지되지 않습니다. 일상에서 영어로 의사소통하는 것이 힘들기 때문에 영어 발음을 교정해 주는 수업이 지속적으로 요구됩니다. 게다가 초등학교 고학년부터는 입시영어를 준비하는 아이들이 많은데, 말하는 영어와 점점 멀어지게 되고 그전까지 음성언어로 잘 잡아둔 발음도 엉망이 되어버립니다. 언어는 자주 사용하지 않으면 실력이 줄어드는데, 지속적으로 말하지 않게 되니 그럴 수밖에요. 여하튼 음성언어에 집중하는 수업은 문자언어를 등한시하므로, 듣고 따라 말하기에 치중된 수업으로 글을 읽지 못하는 경우가 많습니다.

| 문자언어에 집중하는 수업

문자언어에 집중하는 수업은 '파닉스 3개월 완성'을 목표로 단기간에 문자를 깨치도록 합니다. 부모님들이 예전에 배운 발음기호로 영어 글을 읽는 방식으로 수업이 진행됩니다. 이 방식의 수업은 영어를 쉽게 읽을 수 있어서 영어에 흥미를 가지게 되는 장점이 있습니다. 영어 글을 쉽게 읽을 수는 있지만 영어 발음을 단순히 한글 발음기호대로 듣기 때문에 듣기와 말하기 영역을 다시 학습해야 하므로 단점이 있습니다. 그리고 소리 내서 말하는 것을 등한시하므로 글을 제대로 이해하지 못하게 됩니다. 결국 당장은 영어 글을 잘 읽는 것 같지만 시간이 지나면 그 한계가 드러나게 됩니다.

| 음성언어와 문자언어를 모두 다루는 수업

이 방식의 수업은 음성언어와 문자언어를 모두 다룹니다. 대부분의 파닉스 교재들은 이와 같은 방식의 수업용 교재입니다. 일반적으로 한 타임 수업에서 알파벳 3개 정도를 배웁니다. 예를 들면, 첫날에 A, B, C, 세 개의 알파벳으로 시작하는 단어를 각각 3개씩 모두 9개를 배우고, 그리고 그 단어가 포함된 문장도 3개씩 총 9개 정도의 문장을 접합니다.

이 방식은 어린이가 아니라 어른의 눈높이에 맞춘 것입니다. 영어를 처음 배우는 아이들은 그야말로 '하얀 것은 종이이고 까만 것은 글자'라고 생각하는, 이제 막 영어를 배우기 시작하는 아이들입니다. 대문자 A와 소문자 a도 구분할 줄 모르는데, 시작한 첫날부터 알파벳 3개의 대소문자를 인지하는 것만도 만만치 않은 일입니다. 더욱이 단어 9개와 문장 9개를 완벽하게 읽을 수는 없을 겁니다. 알파벳 3개의 대소문자를 듣고 말하며, 읽고 쓰며, 게다가 단어 9개와 문장 9개를 익히는 것은 그야말로 학습 폭탄이 아닐 수 없습니다. 만약 어른에게도 처음 접하는 터키어나 히브리어 등 외국어를 이 정도의 양으로 학습하라고 하면 어떨까요? 당장 그만두고 싶지 않을까요?

그러다 보니 아이들은 수업에서 요구하는 단어와 문장 등 글자를 제대로 읽을 수가 없습니다. 이 방식의 수업은 아이들에게 소리를 들려주고 달달 외우게 하며, 보이는 그림과 연결해 말하도록 합니다. 다음 날도 그다음 날도 소리와 그림을 암기하는데, 글자와 소리를 생각하고 연결해서 말하는 훈련은 없습니다.

이러한 방식으로 수업하는 분들은 "일단 모든 알파벳을 다 배우고 나서 글자 읽기를 진행한다"고 합니다. 하지만 이 방식은 어른의 눈높이에 맞춘 것이고, 이러한 방식의 수업에 아이들은 흥미를 느낄 수 없습니다. 이미 한 번 배운 내용을 또다시 공부하자고 하면 아이들의 관심은 사라지고 글자 읽기를 귀찮아합니다. 이미 소리를 듣고 암기하는 것이 훨씬 편하다는 것을 경험했기 때문에 그렇습니다. 글자를 읽으며 문자언어를 음성언어로 연결하며 정확하게 발음하는 데 필요한 두뇌 활동을 해야 하는데, 굳이 복잡하게 생각하려 하지 않게 됩니다. 지도하는 선생님들도 진도를 나가야 하므로 더 이상 붙잡을 수도 없습니다. 그러니 파닉스 본연의 수업에서 점점 멀어지게 됩니다.

| 유치원의 파닉스 수업

공립유치원은 파닉스 수업, 다시 말해 영어 수업을 하지 않습니다. 한글 학습에 중점을 두기에 외국어 교육을 하지 않습니다. 그런데 초등학교에서는 파닉스 수업을 하기 때문에 선행학습 차원에서 사립 유치원이나 영어유치원에서는 파닉스 수업을 합니다. 하지만 안 하는 게 오히려 나을 정도로 심각한 문제가 벌어지고 있습니다. 파닉스 수업은 소리와 글자를 연결하여 문자를 받아들일 준비가 되어야만 비로소 가능합니다. 억지로 시킨다고 되는 것이 아닙니다. 아이들이 처음 배변훈련을 할 때처럼 문자를 받아들이는 것 또한 어느 정도 뇌 발달 시기가 되었을 때 가능합니다.

평균적으로 아이들은 만 7세 전후로 문자를 받아들이기 시작합니다. 만 7세 전후인 초등학교 1학년 무렵에 한글 깨치기가 자리 잡히는 것 같습니다. 모국어인 한글을 깨칠 때도 이러한데 외국어인 영어의 경우 오죽하겠습니까. 엄밀히 말하자면 유치원 과정에서는 파닉스 수업을 하고 있지 않습니다. 음성언어를 등한시하고 문자언어에만 치중된 수업을 하기 때문입니다. 굳이 유치원에서 영어 수업을 해야 한다면, 소리 수업 또는 영어 놀이를 하는 것이 좋겠습니다. 그리고 교재도 필요하지 않습니다.

저희 아이는 한국에서 5세부터 7세 과정까지 유치원에서 영어 학습을 했습니다. 그 당시 아이는 파닉스 교재를 집으로 가져오긴 했지만 책을 낙서장 정도로 썼습니다. 아무리 알파벳 이름을 말해도 관심조차 보이지 않았습니다. 우리 아이의 경우엔 어려서부터 생활 속에서 한국어와 영어 모두를 사용해서 영어로 말했는데도 불구하고 유치원에서 공부한 파닉스 수업은 남는 것이 없었습니다. 수업료와 교재비는 둘째치고 그 시간에 모국어를 좀 더 공부했으면 오히려 좋지 않았을까 후회되기도 합니다.

| 제대로 된 파닉스 수업

대부분의 수업들은 이러한 문제점이 있는데, 가끔 제대로 된 파닉스 수업을 하시는 선생님들을 만나게 됩니다. 하루에 알파벳 한두 개 정도로 아이가 소화할 수 있는 분량으로 오감을 활용해 듣고, 말하고, 읽고, 쓰기를 하도록 합니다. 그리고 배운 글자들을 적용해 읽기의 규칙을 이해하도록 수업을 진행합니다. 이런 수업이 일반화되어야 하는데, 그렇지 않은 것이 안타깝습니다.

제대로 된 파닉스 수업은 그리 어렵거나 복잡하지 않습니다. 파닉스의 첫 시간에 하나의 알파벳 소리에 집중하고, 이후 26개의 알파벳 소리 모두를 차곡차곡 자기 것으로 쌓아야 합니다. 파머스 뉴욕 애플 캠퍼스에서 있었던 일입니다. 한 선생님이 일찍 온 파닉스반 친구들에게 질문했습니다.

"얘들아, 이 소리는 어떤 알파벳에서 나는 소리일까? ㅎㅎㅎ!"

그러고는 더 크게 말했습니다.

"ㅎㅎㅎ!"

그런데 아무도 알아맞히지 못했습니다. 그 선생님은 '수업을 했는데 아이들이 왜 모르지? 큰일 났다!'라고 생각하며 "알파벳 H 소리인데"라고 말했습니다. 그랬더니 한 아이가 "이상하네요. H는 소리가 나지 않고 바람 소리만 나와야 하는데요"라고 했답니다. 청출어람, 제자가 스승보다 나을 수도 있습니다. 이 아이의 말이 정답이라서, 그 선생님은 제대로 한 방 먹었습니다.

파닉스 수업에서는 글자 하나하나를 정확하게 소리 내어 말하는 발화 연습이 필요합니다. 제대로 내는 소리에 맞춰 문자를 연결하는 파닉스 수업을 해야 합니다. 그리고 알파벳 글자를 익힐 때도 어린 학생들에게 공책에만 달달 쓰라고 강요해서도 안 됩니다. 예를 들어, H를 쓸 때에는 옆 친구 손바닥에 쓰기, 발로 바닥에 써보기, 하늘 글씨로 허공에 써보기 등 아이들의 오감을 활용해 다양하게 쓰도록 하면, 아이들은 힘든 줄도 모르고 깔깔깔 웃으며 하루 종일 놉니다.

이렇게 음성언어와 문자언어를 재미있게 연결해 학습할 수 있는 자세한 방법에 대해서는 제4부에서 따로 설명하겠습니다.

AI가 통번역도 해주는 시대,
파닉스에 답이 있다

　우리나라에서 현재 파닉스 수업이 어떻게 이루어지는지는 앞에서 설명해 드렸습니다. 영어를 시작하는 첫날 수업에서 많은 소리를 달달 외워 말하게 합니다. 영어는 소리를 듣고 암기해서 말하는 것이라고 인식한 아이들은 이후에 영어 글자를 보면 읽으려 하지 않습니다. 처음 접하는 글자를 읽을 줄 모르니까요. a로 시작하는 모든 글자를 "애플"이라고 말해 놓고 선생님이나 엄마의 눈치를 봅니다. 자신이 없어서 그런 것입니다. 왜냐하면 알고 말한 것이 아니라 우선 아는 것을 말해 본 것이니까요. 그렇게 a로 시작하는 [애플], [앤트], [앨리게이러] 하는 식으로 다 말해 보면서 얻어걸리면, 자신이 글자와 소리를 연결해 읽은 것이라고 착각합니다. 그러나 그것은 결코 파닉스

44

로 읽은 것이 아닙니다.

아이들은 날마다 새롭습니다. 매일 새로운 삶을 배웁니다. 영어도 그렇게 배워갑니다. 첫날 파닉스 시간에 어떻게 영어를 하는 것인지를 배웁니다. 위와 같은 수업방식에서 아이는 소리 암기가 영어라고 생각합니다. 이후에 모든 수업에서 글을 보지 않고 영어 소리만 외워서 말하려고 합니다. 읽지 않고 암기하는 것이 영어가 되는 순간입니다. 이렇게 소리를 외우고 글자는 읽지 않고 때려 맞히는 식으로 초등 고학년까지 올라가게 됩니다.

중학교에 가서는 과연 달라질까요? 중학교 시험의 잣대로는 제대로 읽는지를 확인하기 힘듭니다. 아니, 시험에 대비하느라 확인할 겨를도 없는 것 같습니다. 중간고사와 기말고사에서 몇 점을 받는지에만 혈안이 되는 것 같습니다. 중학교 시험 범위를 통째로 암기하면서 고등학생이 됩니다.

고등학생이 됐을 때 모든 것이 들통나게 됩니다. 방대한 양의 단어를 익혀야 하는 순간을 맞고서야 멘붕이 옵니다. 그런데 더 안타까운 것은 단어를 읽을 줄 모르기 때문에 단어를 외울 수 없다는 걸 학생 스스로 모르는 것입니다. 이제까지는 적은 양의 단어를 암기하면 되어서 그럭저럭 잘 넘어왔는데, 이제 배워야 할 단어 개수가 많아지고 단어 난이도도 올라가면서 암기가 안 되는 것입니다. 단어를 소리 내어 읽으면서 써봐야 하는데 읽을 줄을 모르는 것입니다. 그래서 영어는 어렵다고 생각하며 위축되고 포기하게 됩니다. 내 아이가 초등학교 고학년, 중학생 또는 고등학생이라면 한번 확인해 보시길 바랍니다. 모르는 글을 보여주면서 읽을 수 있는지 없는지를요. 100% 다 읽어내고 완벽하게 읽기를 기대하는 것이 아니라 80%는 비슷하게라도 입을 떼면 성공적입니다.

이렇게 못 읽게 되는 암기식 수업방식은 왜 지금까지 이어지고 있는 것일까요? 당장 많은 단어를 외울 수 있어서 그런 것 아닐까요? 부모님들 세대까지만 해도 소리를 외우고, 글자를 통으로 암기히는 주입식 학습으로 원하는 일을 하며 성공하는 삶을 살 수도 있었습니다. 그러나 4차산업혁명 시대를 살아가는 우리 아이들은 달라져야 합니다. 암기하는 아이는 AI와 경쟁해서 이길 수 없습니다. 과거에는 정보를 많이 가지고 있는 사람이 우위에 섰지만 이제 정보는 도처에 널려 있습니다. 지금 우리 개개인은 과거 미국의 국방부가 가지고 있는 것보다 방대한 양의 자료를 읽을 수 있다고 합니다.

이제 누구나 원하는 정보를 얻을 수 있습니다. 다만, 앞으로는 그 정보를 어떻게 활용할 수 있느냐가 문제입니다. 하나의 정보를 단편적으로 얻는 데 그치는 것이 아니라, 내가 필요한 정보가 무엇인지 알고 끄집어낼 수 있는 힘이 있어야 합니다. 그 힘은 생각하는 아이, 질문하는 아이만 가질 수 있습니다.

호기심 많은 아이들은 새로운 것에 관심을 보입니다. 소리와 문자를 제대로 익히게 되면 배우자마자 일상에서 끄집어내고 싶어 합니다. 파머스 엄궁캠퍼스에서 있었던 일입니다. 파닉스를 배우던 정우는 2학년이었습니다. 정우네 가족이 자동차로 이동 중이었는데, 정우가 앞에 있는 그랜저 자동차의 글자를 보더니 "엄마, 그랜저(Grandeur)는 왜 그렌데얼이 아니야? D는 '드' 소리가 나니까, 그랜저는 g, r, a, n, g, e, r 아니야?"라고 스펠링을 하나하나 말하면서 궁금해했다고 합니다. 그때 어머니는 제대로 대답하지 못하셨지만 알파벳도 모르던 아이가 몇 달 사이에 영어단어를 읽고 궁금해하며 자신의 생각을 이야기하는 모습에 뿌듯해하셨다고 합니다. 이렇게 파닉스 수업은 아이들 스스로 소리언어와 문자언어를 연결하게 하여 생각의 나래를 펼치게 합니다.

암기가 아니라 생각의 블록으로 쌓아 올린 영어 실력만이 사고를 확장할 수 있습니다. 배운 내용들을 다양한 방법으로 즐겁게 익힐 수 있도록 해주어야 합니다. 간혹 아이에게 길거리나 집 안에서 보이는 영어 글자들을 읽어보고 써보게 하면 틀리기도 합니다. 하지만 "실패는 성공의 어머니"라는 말은 틀린 말이 아닙니다. 많이 틀려봐야 성공의 확률도 높아집니다. 제 어머니가 늘 하시는 말씀은 "노니 장독 깬다"입니다. '가만있는 장독을 왜 깨는 걸까?'라고 생각했는데, 틀려보고 실패해 보면서 생각하는 힘이 생기고 성공하는 방법을 찾아간다는 말이라고 합니다. 영어의 첫 단추를 꿰는 파닉스 수업에서 암기가 습관이 되지 않도록 첫 수업부터 능동적으로 뇌를 쓰는 수업으로 이끌어야 합니다. 그래야만 AI에게 지배당하지 않고 AI를 부릴 수 있는 인재가 될 수 있습니다.

수능 등급,
파닉스로 결정된다

우리나라 입시체제에서 수능 영어는 전체 9등급으로 나뉩니다. 고등학교 1학년 3월에 처음 치르는 모의고사 등급이 고등학교를 졸업하는 시기까지 크게 달라지지 않는다고 합니다. 3년 동안 열심히 해도 중하위권이 상위권으로 올라설 수 없는 이유는 뭘까요? 문법, 독해, 문해력, 배경지식이 문제일까요? 단어가 약해서 그런가요? 수능 등급이 안 나오는 이유는 파닉스 때문이라고 말한다면 과연 믿을 수 있을까요? 결론부터 말하자면, 현 수능체제에서 3등급 이하의 성적이 나오는 학생은 가장 먼저 파닉스부터 해야 합니다.

왜 그럴까요? 아무리 단어를 외어도 금세 까먹는 것은 단어를 제대로 못 읽어서입니다. 모르는 단어가 많은데 어렵고 긴 지문을 어떻게 읽을 수 있을까요? 오랫동안 중·고등부를 수업해 본 선생님들이라면 이 말에 고개를 끄덕이실 겁니다. 고등학교 3학년이면 10년 넘게 영어를 했는데, 영어단어를 못 읽으면 말하자면 까막눈인 셈입니다. 눈이 트이고 말문이 트이고 글눈이 트이기 위해서는 파닉스가 필요합니다.

파닉스가 안 된 상태로 교재를 받아보면 하얀 것은 종이고 까만 것은 글자로만 보이게 됩니다. 그 상태로 많이 한다고 실력이 늘까요? 모든 학습이 그렇지만 특히나 글자 읽기는 아이들 한 명 한 명이 자신들의 속도로 '아하' 하고 깨달아야 비로소 글을 읽을 수 있습니다. 글자의 메커니즘을 이해하지 못한 채 무작정 진도만 나간다고 글 읽기가 되지는 않습니다. 글자의 조합 원리를 이해하지 못하면 모래성 위에 집을 짓는 것과 마찬가지입니다.

파닉스를 제대로 해낸 이후에야 글 읽기를 해낼 수 있습니다. 파닉스를 해낸 아이들은 글자의 조합 원리를 깨쳐서 영어 문자의 언어체계를 이해하게 됩니다. 다만, 그것을 해내는 시기가 꽤 오래 걸린다는 점을 명심해야 합니다. 한글 깨치기를 한번 생각해 봅시다. 아이들은 처음 한글을 배울 때는 자음과 모음을 익히는데, 자음과 모음을 익히자마자 바로 글자를 읽어보라고 하면 보통은 '나비'라는 단어를 [느으, 아아, 브, 이]라고 읽습니다. [나비]라고 빠른 속도로 읽어내지 못합니다. 나비라는 한 단어를 오롯이 읽지 못하면 문장을 읽지 못하고, 한 단락의 내용도 이해할 수 없게 됩니다.

예를 들어, 같은 지문을 읽는 데 1분 걸린 아이와 2분 걸린 아이가 있다고 합시다. 두 아이 중에서 누가 더 지문을 잘 이해했을까요? 보통은 오래 읽었으니 잘 이해할 거라고 생각합니다. 그러나 글을 읽는 데 오래 걸린다면 한 문장을 읽을 때 끊어 읽기를 많이 하느라 시간이 더 걸립니다. 글을 빠르게 잘 읽으려면 의미의 덩어리를 기준으로 글을 이해해야 합니다. 단어와 단어 사이의 마디가 끊기면 한 문장이 담고 있는 의미를 정확히 이해하기 어렵습니다. 의미의 덩어리로 읽으려면 한 단어가 빠르게 눈에 들어와야 다음 단어까지 의미의 덩어리로 묶어 함께 읽을 수 있습니다. 한 단어가 제대로 안 읽히는데 다음 단어까지 묶어낼 수는 없습니다. 빠르게 읽게 되면 글의 이해도가 높아질 수 있습니다. 한 단어부터 잘 읽는 힘은 파닉스로 길러질 수 있습니다. 파닉스가 안 되면 빠르게 읽기도, 바르게 읽기도 안 됩니다. 의미의 덩어리 읽기도, 문장 읽기도, 단락 읽기도 어렵게 됩니다.

한 문장을 세 가지 방법으로 읽어보겠습니다.

1. 나는/오늘/학교를/마치고/친구와/함께/놀이터에서/놀았다.
2. 나는 오늘/학교를 마치고/친구와 함께/놀이터에서 놀았다.
3. 나는 오늘 학교를 마치고/친구와 함께 놀이터에서 놀았다.

1번처럼 끊어 읽기가 많으면 지문을 읽어내는 시간은 길어질 수밖에 없습니다. 그리고 의미가 매끄럽게 연결되지 않아 이해도가 떨어집니다. 2번은 1번에 비해 의미 연결이 잘되고, 단어마다 끊어 읽지 않아서 좀 더 빠르게 읽힙니다. 3번은 가장 빠르게 읽히고, 이해도 빠르게 됩니다.

한 단어의 글자 읽기가 가능해야 한 문장 읽기와 한 단락 읽기로 확장할 수 있습니다. 글을 잘 읽기 위해서는 한 단어를 오롯이 빠르게 읽어낼 수 있어야 합니다. 결국 영어 읽기는 파닉스가 얼마나 탄탄하게 잡혀 있느냐에 따라 그 결과가 달라집니다. 수능 또는 모의고사 지문을 빠르고 바르게 읽기 위해 구문독해 훈련을 하는 것과 같은 이치입니다. 구문독해는 각 단어를 정확히 읽어내야 가능한 것으로 파닉스가 탄탄해야만 가능합니다.

우리 아이들을 위해서는 우리나라 영어 환경에 맞는 파닉스를 제대로 배우도록 해야 합니다. 그러나 한국에서는 파닉스 공식을 배우는 과정을 마치면 파닉스를 완성했다고 착각하기도 합니다. 이후의 과정에서 파닉스를 소홀히 수업하거나 아예 손을 대지 않기도 해서 그나마 잘해 온 파닉스의 기초공사가 와르르 무너지기도 합니다. 모국어인 한글을 배울 때도 한글 깨치기를 하고 나서, 한글 받아쓰기 등을 초등학교 3~4학년까지 합니다. 영어를 모국어로 하는 나라에서도 파닉스 받아쓰기를 초등학교 3~4학년까지 한다는 것을 눈여겨볼 필요가 있습니다.

다시 말하지만 파닉스는 단기간에 완성할 수는 없습니다. 3~4년은 파닉스가 이어져야 하는데도 불구하고 우리나라에서는 파닉스 수업을 대부분 6개월 정도의 과정으로 진행합니다. 심지어 이 시간이 길다고 여기는 경우가 많아서 3개월 완성, 1개월 완성 과정도 등장하고 있습니다. 우리나라 아이들이 모국어인 한글을 깨치는 데도 3개월, 1개월 완성은 불가능하지 않을까요? 하물며 한국에서 배우는 영어는 문자언어뿐 아니라 음성언어도 배워야 하는 점을 감안한다면 더 많은 시간이 필요하지 않을까요?

문자언어는 일정 기간이 지나야만 비로소 자기 것으로 만들 수 있습니다. 조급하게 서둘러도 소용없고 일정 기간을 두고 조금씩 조금씩 포를 뜨듯 지속적으로 익혀야 합니다. 언어는 한 번에 몰아쳐서 익히는 것이 절대 아닙니다. 아이의 성장과정을 뻥튀기할 수 없듯 문자체계를 잡아가는 것도 하루아침에 만들어지지 않습니다. 우선 우리나라 영어 환경에 맞는 파닉스로 기본기를 갖추고, 이후에도 파닉스의 뿌리를 단단히 내릴 수 있도록 지속적으로 물을 주어야 합니다. 파닉스 레벨 테스트가 끝났다고 안심하면 안 되고, 최소 2~3년은 파닉스와 관련한 활동이 이어져야 합니다.

그렇다고 파닉스만 몇 년을 하라는 것은 절대 아닙니다. 그렇게 해서도 안 됩니다. 처음 영어를 시작할 때 파닉스 수업에 중점을 둬서 진행하고, 파닉스 단계가 끝나고 나서 느리지만 더듬더듬 글을 읽어낼 수 있게 되면 책이나 교재의 지문을 많이 읽는 식으로 수업 방식을 바꾸는 것이 좋습니다. 이후에는 파닉스의 원리를 잊어버리지 않을 정도로만 1주일에 두어 번 10분 안팎으로 몇 년간 유지하면 됩니다.

파닉스가 제대로 뿌리 내리지 못한 채 영어 공부를 아무리 해보았자 밑 빠진 독에 물 붓는 격입니다. 그래서 영어를 많이 공부한 것 같은데 성취도가 낮고 수능에서 성적이 안 나오는 것입니다.

영어권(ENL) 파닉스 공부, 이렇게 합니다

영어권 아이들이 어릴 적부터 영어를 잘 말하는 것을 보면 영어로 된 글도 잘 읽을 것 같지요? 꼬맹이지만 파닉스를 쉽게 해내고 영어 글을 잘 읽을 수 있을 것 같지만 아이는 아이입니다. 영어권 아이들 역시 우리나라 아이들이 한글 깨치기를 할 때와 똑같은 과정을 거칩니다. 처음으로 접하는 문자언어는 뇌에서 받아들이게 되고 더듬더듬 생각하면서 읽습니다. 영어권 아이들도 처음에 파닉스를 배우고 나서 글 읽기를 하면 우리나라 아이들이 글 읽기를 할 때와 마찬가지로 더듬더듬 읽습니다.

우리나라 아이들은 유치원 과정에서 한글 깨치기를 할 때 간단한 자음과 모음 정도만 이해하고 글자를 조합하는 것을 배우는데, 이는 영어권 아이들도 마찬가지입니다. 영어권에서도 7살 유치원 과정에서는 가장 기본이 되는 알파벳 26글자와 장모음 정도를 배우고 글 읽기를 시작합니다. 우리나라에서 초등학교 1학년이 되면 받침이 있는 글자를 배우는 것처럼 영어권 아이들도 1학년이 되어서야 유치원에서 배운 글자들을 반복해서 연습하고 새롭게 자음짝꿍과 모음짝꿍을 배웁니다. 원어민 아이들에게도 자음짝꿍과 장모음은 복잡하고 어려운 글자들이라서 2학년 교실마다 벽에 모음짝꿍 음가 차트를 걸어 두고 눈에 자주 익히도록 하고 있습니다. 그리고 학교에서 배운 모든 파닉스 규칙을 반복적으로 연습하기 위해 여러 활동을 합니다.

3학년이 되면 아이 스스로 책 읽기를 하고 쓰기도 곧잘 하지만 단어를 좀 더 세밀하게 익히는 연습을 합니다. 어려운 모음짝꿍은 음절을 끊어서 표시하고 읽어보면서 단어를 좀 더 집중적으로 익힙니다.

영어를 모국어로 쓰는 미국의 교육과정으로도 파닉스를 3개월 또는 6개월 내에 깨치지 못합니다. 3개월은커녕 최소 3년 이상 파닉스를 해야 합니다. 모국어도 아닌 외국어를 익혀야 하는 우리 아이들이 파닉스를 단기간에 깨치는 것은 어불성설입니다.

그럼 어떻게 해야 할까요? 우리나라 아이들이 한글 깨치기를 할 때처럼 초등 1학년 과정에서는 파닉스만 수업해도 시간이 부족할 지경이니 1년 내내 낱소리를 익혀야 합니다. 자음과 모음을 조합하는 글자 조합을 하고, 단어를 많이 읽어보는 것이 중요합니다. 다만 초등학교 영어 수업에서 파닉스만 3년 내내 하는 것도 문제가 됩니다.

2학년 과정 이후부터는 파닉스를 계속하면서 간단한 글을 읽으며 독후활동을 하고, 독서와 병행되도록 하는 것이 바람직합니다.

영어를 모국어로 쓰는 아이들도 문자언어 교육은 유치원 과정을 제외하고도 최소 1년은 파닉스만 하는데, 우리나라에서는 너무 속성으로 마치려 하다 보니 기본이 무너진 상태에서 진도만 나가게 되는 우를 범하게 됩니다.

그런데 파닉스가 초등 교과과정에 포함되어 있다고 해서 유치원생에게 파닉스를 강요하는 학부모님들이 있습니다. 한글 깨치기와 마찬가지로 파닉스 역시 아이의 뇌가 영글어야 자기 것으로 소화할 수 있습니다. 아이가 글자를 익히는 것은 엄마의 바람대로 선생님의 욕심대로 되지는 않습니다. 글자를 가르쳐 볼까 싶어서 책상 앞에 앉히더라도 정작 아이는 무관심하기만 할 겁니다.

미국 아이든 한국 아이든 인간이 발달 정도는 같습니다. 그래서 전 세계 어디에서나 교육과정은 비슷비슷합니다. 모든 아이들이 글자를 익히는 시기가 비슷한 것처럼, 만 7세 전후로 초등학생이 되고 중학교와 고등학교 과정을 마치고 만 18세 정도에 졸업하는 학사과정이 대동소이한 것은 그 이유 때문입니다.

▶ 파닉스 발음 QR코드

미국 초등학교 1학년 과정

초등학교 1학년 과정에서는 유치원 과정에서
배운 기본 알파벳 26글자와 장모음의 단어들
을 받아쓰기와 책 읽기를 통해 복습합니다. 자
음이 짝꿍으로 나오는 자음짝꿍의 단어들을 한
학기 동안 여러 활동으로 익히고, 모음이 짝꿍
으로 나오는 모음짝꿍은 2학기에 학습합니다.

미국 초등학교 2학년 과정

1학년 과정에서 자음짝꿍
을 단어 학습할 때만 봤다
면, 이제는 문장에서 자음
짝꿍을 찾아보는 연습을 합
니다.

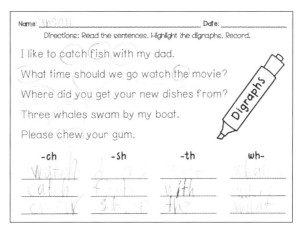

미국 초등학교 3학년 과정

이미 배운 모음짝꿍을 단어
활동이나 문장에서 찾는 방
법으로 실력을 다지는 수업
을 또다시 합니다.

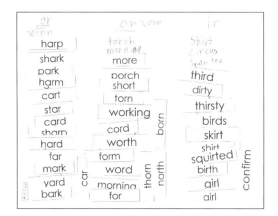

미국 초등학교 4학년 과정

4학년이지만 스펠링 파닉스
(Spelling Phonics)라고 하
는 1학년 2학기에 학습한
모음짝꿍의 파닉스 규칙을
복습합니다.

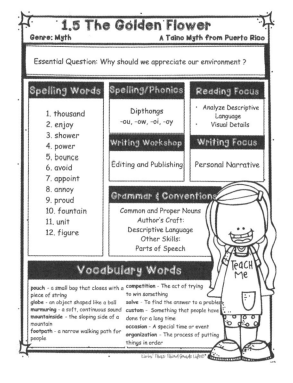

58

영어권(ENL) 파닉스,
한국 아이들이 그대로 해선 안 된다고?

전 세계에서 영어를 배우는 환경은 크게 세 가지입니다. 첫째는 영어를 사용하는 나라에서 그 나라 아이들이 모국어를 배우는 환경인 ENL(English as a Native Language)입니다. 영국을 비롯해 미국, 캐나다, 영국, 호주 그리고 뉴질랜드가 이에 속합니다. 둘째는 모국어 외에 영어를 두 번째로 많이 사용해서 제2의 언어로 습득하는 환경인 ESL(English as a Second Language)입니다. 싱가폴, 홍콩 그리고 필리핀이 이에 속합니다. 마지막은 모국어가 영어가 아닌 나라에서 영어의 사용이 제한된 환경에서 배우는 EFL(English as a Foreign Language)입니다. 중국, 일본 그리고 우리나라 등이 여기에 속합니다.

이렇게 세 가지 다른 환경에서 영어를 습득하는 방법은 다를 수밖에 없습니다. ENL 환경에서 아이들은 태어나자마자 영어에 노출되어 하루 종일 습득하고 자랍니다. 그리고 들리는 대로 옹알이를 하고 주변에 널려 있는 문자를 보면서 호기심을 가지게 됩니다. 반대로 우리나라와 같은 EFL 환경에서는 교실 밖을 벗어나면 영어를 거의 사용하지 않습니다. 외국어로써 소리와 철자를 학습으로 배워야만 영어가 됩니다.

모국어를 습득하는 방식과 외국어를 학습하는 방식은 하늘과 땅 차이입니다. 그러니 영어학습의 세 가지 환경의 차이를 이해하고 그 특징을 살펴보는 것이 우선되어야 합니다. 습득이냐 학습이냐에 따라 교육방식도 달라져야 하는데, 그래야만 우리나라 영어교육의 꼬인 실타래도 풀 수 있지 않을까 싶습니다. 영어를 외국어로 배우는 아이들에게 영어를 가르친다면 모국어 환경처럼 만들어야 합니다. 하지만 그러기가 어디 쉽겠습니까.

이 문제를 해결하기 위해 엄마표 영어로 ESL 환경을 조성하는 학부모님들이 많아졌습니다. 엄마표 영어 환경에서는 음성언어는 어느 정도 습득할 수 있지만 문자언어까지 습득하는 사례는 찾아보기 힘든 것 같습니다. 다시 말해 듣고 말하기는 가능할 수도 있지만, 읽고 쓰기는 어렵습니다. 더욱이 『삐뽀삐뽀 119 소아과』의 하정훈 선생님에 의하면 "영어 환경은 일방적으로 제공되어서도 안 되고, 하루 6시간 정도의 자연스러운 대화 속에서 이루어져야 한다"고 하니, 엄마표 영어 또한 만만치 않은 일입니다.

영어 공부의 시작인 파닉스를 어떻게 하느냐에 따라 이후의 교육 과정과 결과에도 큰 영향을 미치게 됩니다. 대한민국처럼 제한된 영어 환경에서는 효율적으로 공부할 수 있는 학습법이 필요합니다. 머리로 이해하는 데 그치지 않고 학습자 스스로 자신의 실력을 확장하는 특별한 체험식 파닉스 수업이 필요합니다.

제가 가르치는 아이들을 예로 들겠습니다. 모음이 짝꿍으로 나오는 모음짝궁에서 [오이]라고 소리 나는 글자는 두 가지입니다. 'oy' 와 'oi'입니다. 그리고 [보이]라는 글자를 불러주면 'boi'라고 쓰는 아이들이 있습니다. 제가 "아니, 아니" 하면 아이들은 "아, 맞다! [보이]라고 소리 나는 글자는 하나 더 있지!"라고 말하며 스스로 생각하며 'boy'를 더 씁니다. 짜증을 내거나 위축되지 않고 되레 스스로 생각하고 탐구하며 자신감도 무럭무럭 키웁니다. 누군가 고쳐준 것과 스스로 고친 것은 하늘과 땅 차이가 납니다. 남이 지시해서가 아니라 스스로 고치면, 자기 생각에 대해 생각하는 능력인 메타인지를 발휘하게 됩니다.

또 다른 예로, 장모음에서 [oo]는 두 가지 소리가 납니다. 이 파트를 배우고 나면 아이들은 단어를 어떻게 읽어야 할지 헷갈려 합니다. 이때 저는 정답을 이야기해 주지 않습니다. 그러면 아이들끼리 수군 거리며 문제를 해결하며 정답을 내놓기도 합니다. 소리 나는 대로 그냥 따라 읽으며 외우는 것이 아니라 자신이 생각하는 글자가 과연 옳은지 생각하며 정답을 찾아내는 과정을 거치는 것입니다. 이 과정을 경험하고 나면 아이들은 틀리더라도 자신이 생각하는 답을 거리낌 없이 말합니다. 발표하고 싶어 하고, 보여주고 싶어 합니다. 이로 인해 아이들은 자기 생각을 스스럼없이 펼칠 수 있고, 창의성도 키울 수 있습니다.

저는 아이들을 가르칠 때 아이의 눈높이에 맞도록 신경 쓰고 있습니다. 그런데 우리 아이들에게 ENL이나 ESL의 교재를 사용해 지도하는 분들도 더러 계신 듯합니다. 이러한 교재에 따라 음소학습, 단어학습 그리고 문장을 한 번에 수업하면 안 됩니다. 한 번에 하나씩 음소학습을 마치고 나서 그 음소들의 조합인 단어 학습으로 확장하고, 단어의 조합을 이해한 뒤 읽기와 쓰기에 문제가 없다면 문장 학습으로 이어져야 합니다. 알파벳 26개의 이름과 소리들만 정확히 알아도 영어 글자의 70%는 제대로 읽고 쓸 수 있으니 글자 음(letter sound)을 제대로 익혀야 합니다. 이후 장모음을 이해하면 나머지 30%도 읽고 쓸 수 있습니다.

알파벳의 이름과 소리를 말할 수 있게 되면 단어 학습을 진행하면 좋습니다. 이때 단어의 조합에 중점을 두는 수업을 해서 단어를 보고 읽어낼 수 있고, 들은 단어는 쓸 수 있도록 해야 합니다. 학습 속도보다는 아이 스스로 할 수 있는지가 관건입니다. 그리고 이 단계에서는 단어의 뜻까지 연결하지는 않도록 해야 합니다. 간혹 파닉스 수업을 하면서 단어 뜻을 외우도록 강요하는 분도 계시는데, ENL 환경에

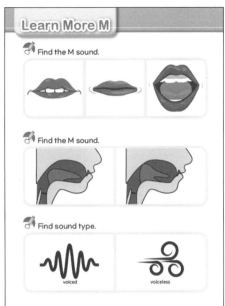

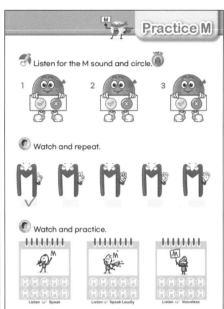

《Sound Doctor》 2권 교재에서 알파벳 M을 배우는 부분입니다.

서는 일상의 단어들에 노출된 상태에서 글자를 쉽게 익히도록 단어
와 알파벳을 연결하지만, 우리나라처럼 EFL 환경에서는 알지 못하는
단어까지도 익혀야 하는 이중고가 발생하므로 문제가 됩니다. 알파
벳의 첫 글자와 단어를 짝짓는 학습은 우리나라 아이들에게는 맞지
않습니다. 특히나 어린이들에게 단어 뜻까지 학습하게 하는 것은 상
당한 부담이 됩니다. 지금은 소리가 글자가 되고 글자가 소리가 되는
것에만 집중해야 합니다. 단어의 뜻을 지금 알지 못해도 나중에 글자
를 술술 읽게 되면 단어 학습을 쉽게 할 수 있습니다.

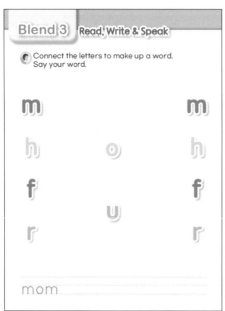
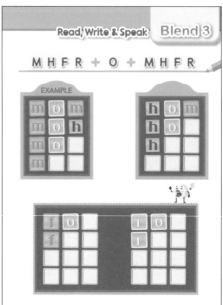

《Sound Doctor》 2권 교재에서 단어 읽기와 쓰기, 말하기를 배우는 부분입니다.

  단어 읽기에 부담이 없고 속도가 붙기 시작하면 문장 읽기를 하면
됩니다. 단어 읽기에 자신감이 붙어야 문장 읽기도 재미있게 할 수
있습니다. 그래서 단어 읽기는 충분히 해야 합니다. 문장 읽기를 시
작하더라도, 단어가 지닌 특징들을 이해하며 연습해야 합니다. 영어
단어의 음절, 강세, 슈와사운드(Schwa Sound, 발음기호/ə/로 표시되며, 강
세가 약한 음절에서 나타나는 짧고 가벼운 소리)를 제대로 익히면 언어민처
럼 정확히 읽을 수 있습니다.

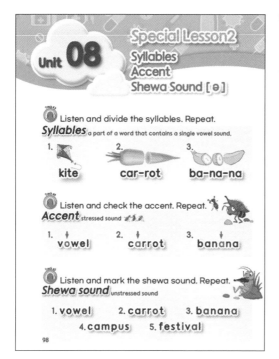

《Sound Doctor》6권 교재에서 음절, 강세, 슈와사운드를 배우는 부분입니다.

　　모국어로 영어를 배우는 것과 외국어로 영어를 배우는 것은 분명 같을 수가 없습니다. 아직까지도 영어 수업을 하는 많은 학원에서 영어권 나라에서 수업하는 교재를 그대로 사용하거나, ESL 파닉스 교재를 그대로 가져와서 수업하는 경우가 허다합니다. 영어 소리를 잡아주고, 글자 조합의 원리를 터득하도록 이끌어주고, 단계별로 학습할 수 있는 파닉스 교재가 아이에게 필요합니다.

《Sound Doctor》 시리즈
6권 표지입니다.

　새김교육에서 출판한《Sound Doctor》 시리즈 6권은 현장에서 파니스를 가르치시는 많은 선생님들이 찾으시는 교재입니다. 어린 시절에 호주로 이민 갔던 파머스어학원 원흥국제캠퍼스 다나(Dana) 선생님은 알파벳도 모른 채 초등학교에 입학하였을 때의 이야기를 해주셨습니다. 다나 선생님의 선생님은 학생들에게 알파벳의 소리뿐만 아니라 입 모양과 혀의 위치를 항상 상기시켜주며 정확한 소리를 낼 수 있게 가르쳐주셨습니다. 그리고 어떤 조합의 단어도 읽을 수 있도록 이끌어 주셨는데, 그때의 기억이 이 교재를 보며 떠올랐다고 합니다. 수십 년이 흐른 지금도 그때 영어를 배운 기억이 잊히지 않는다고 하네요.

[영어학습 환경]

	언어 형태	사용하는 나라
ENL(English as a Native Language)	모국어	미국, 캐나다, 영국, 호주, 뉴질랜드
ESL(English as a Second Language)	제2 언어	싱가폴, 홍콩, 필리핀
EFL(English as a Foreign Language)	외국어	중국, 일본, 한국

[EFL 파닉스란?]

파닉스 전	EFL 파닉스	파닉스 후
음성언어 훈련	음성언어+문자언어(규칙 이해)	단어훈련(음절, 강세, 슈와사운드) 문장 이해(인토네이션, 연음)

파닉스, 속도가 아니라
단계별 학습이 중요하다

미국이나 영국 등에서 어학연수 코스에 참여한 학생들을 바라보면 재미있는 풍경이 펼쳐집니다. 학생들이 주말을 보내고 와서 월요일 아침에 교실 문을 열고 들어오면 어느 나라에서 왔는지 아침 인사를 보면 티가 납니다. 남미의 친구들은 주말 동안 무엇을 했는지 말하느라 시끌시끌합니다. 반대로 아시아권의 학생들, 특히 우리나라와 비슷한 수업방식으로 공부하는 일본, 중국, 한국 학생들은 말 한마디도 잘 안 합니다. 그렇게 말 한마디 못 하다가 수업이 시작되면 교재에 있는 어려운 단어는 척척 알아맞히고 독해를 하면서 안정감을 느낍니다. 그동안 말없이 문자언어 위주로만 공부한 습관이 몸에 뱄기 때문입니다.

우리 몸은 쓰면 쓸수록 그 신체의 기능이 발달하고, 쓰지 않으면 기능이 약화됩니다. 그동안 말하는 영어를 하지 않았기 때문에 듣기와 말하기 기능이 약해진 것입니다. 팔에 깁스를 하고 몇 주 또는 몇 달 후에 풀게 되면 숟가락 하나도 들 힘이 없는 것처럼, 말하지 않으면 초등학생 수준의 쉬운 단어와 문장도 말할 수 없게 됩니다.

듣기와 말하기 기능을 발달시키려면 파닉스를 어떻게 배워야 할까요? 다시 말해, 파닉스 과정을 거치고 나면 무엇을 할 수 있어야 할까요? 영어의 말과 글을 모두 구사할 수 있어야 합니다. 단어의 뜻을 몰라도 영어 소리를 듣고 쓸 수 있어야 하고, 영어 글을 보고 읽을 수는 있어야 합니다. 나중에 되는 것은 없습니다. 파닉스 과정에서 못하면 다음에도 못 합니다.

그리고 영어식 발음을 낼 수 있어야 합니다. 영어 소리는 영어답게 낼 수 있어야 합니다. 듣고 말하고 읽고 쓰는 영어를 파닉스를 시작할 때부터 할 수 있어야 말하기를 자연스럽고 편하게 할 수 있습니다. 처음 시작할 때부터 해야 합니다. 잘하는 것이 무엇인지 기준이 생기기 전에 말하기가 몸에 익도록 합니다.

파닉스는 음성언어와 소리언어의 규칙을 알아가는 것이지만 앞서 살펴보았듯이 학습자의 환경에 따라 학습방식이 달라져야 합니다. 모국어를 익히는 아이들은 태어나면서 음성언어인 말을 익히고 나서 일정한 나이가 되었을 때 문자언어를 학습합니다. 그러나 모국어가 아닌 외국어를 학습하는 환경에서는 음성언어와 문자언어를 동시에 학습해야 합니다. 그리고 영어 소리를 잘 내기 위해서는 영어 소리의 발성법부터 시작하는 것이 좋습니다.

영어는 우리말과 다른 호흡법으로 발성합니다. 우리말은 흉식호흡으로 가슴으로 숨을 쉬고 내뱉으면서 말을 합니다. 영어는 복식호흡으로 횡격막을 아래쪽으로 최대한 끌어내려 아랫배를 누르면서 호흡을 합니다. 흔히 말해 요가나 운동을 할 때 코어에 힘을 주는, 배에 힘을 주고 호흡하는 방식입니다.

복식호흡이 되지 않으면 [p], [s], [k], [t]와 같은 무성음이 제대로 발음되지 않고, 단어의 강세와 문장의 인토네이션도 제대로 되지 않습니다. 영어의 음성언어를 시작하는 첫날부터 호흡법을 연습하고 그 호흡법에 맞춰 소리 내도록 연습해야 합니다. 복식호흡을 하면서 소리 내는 것이 힘들지 않도록 훈련하는 것이 영어 소리 내기의 절반을 차지할 만큼 중요합니다. 복식호흡은 어른들도 어려워하는데, 어린 학생들에게 아무리 쉽게 설명해 주어도 제대로 이해하지 못합니다. 배에 힘을 주라고 하면 "똥을 쌀 것 같다"고 말하며 귀여운 표정을 짓기도 합니다. 아이들에게는 복식호흡을 말로 설명하는 대신 풍선 불기나 촛불 끄기 등 체험활동으로 배에 힘을 주는 경험을 하게 하면 쉽게 이해합니다.

이와 더불어 영어 발음을 잘하기 위해서는 입술과 혀 주변의 근육을 풀어서 영어 소리에 맞는 근육들을 움직여야 합니다. 영어를 할 때는 입 주변의 근육을 100개 정도 움직여 소리를 내야 합니다. 이 근육들은 한 번에 풀리지 않아서 몸이 기억하도록 자주 연습해야 합니다. 우리가 운동할 때 한 번에 오랜 시간을 하기보다 여러 번 나눠서 오랜 기간 동안 했을 때 비로소 근육이 만들어지는 것과 같은 이치입니다.

그리고 인간은 말을 배울 때 본능적으로 눈을 보지 않고 입을 보고 따라 말합니다. 아이들은 말을 배울 때 엄마가 천천히 여러 번을 말해 주면 엄마의 입을 보고 따라 말합니다. 영어 발음 역시 입을 보면서 입 근육을 풀어주며 소리 내는 훈련이 필요합니다.

음성언어가 제대로 자리 잡혀야 문자언어 능력도 기를 수 있습니다. 음성언어와 문자언어는 실과 바늘처럼 상관관계가 있어서 어느 것 하나 놓칠 수 없습니다. 영어의 음성언어를 잘하기 위해서는 파닉스를 시작하기 전에 호흡과 발성법, 입술과 혀의 위치를 잡아주는 연습을 선행하는 것이 좋습니다. 그리고 글자의 음소 단위부터 말과 글을 배워야 합니다. 처음 알파벳 26개의 글자를 학습할 때 최대한 많이 소리를 뱉어줘서 몸이 기억하는 영어를 해야 합니다. 이 단계에서는 말하기에 가장 많은 시간을 할애하고 그다음으로 듣기 그리고 읽기와 쓰기는 전체 수업의 10%만 진행해도 충분합니다. 처음 영어를 시작하는 아이들이 알파벳을 재미있게 가지고 놀 수 있도록 한 번 수업에 알파벳 하나만 시작해서 점차 학습량을 늘려야 합니다.

알파벳의 글자 익히기와 기본 소리 익히기를 충분히 하고, 장모음,

자음짝꿍과 모음짝꿍 익히기로 나아가도록 합니다. 음가와 단어, 문장을 한꺼번에 학습하지 않도록 해야 합니다. 먼저 알파벳 음가를 익히고 단계적으로 단어와 문장을 학습해야 합니다. 그러면서 새로운 음가를 서서히 익히면서 학습량을 점차적으로 늘려서 진행해야 합니다.

EFL 파닉스 학습단계

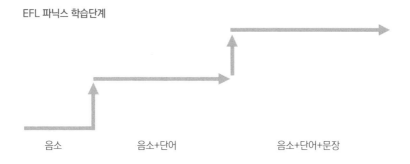

음소　　　　　　　음소+단어　　　　　　　음소+단어+문장

어른이 아니라 어린이의 눈높이에 맞춘 파닉스, 소리언어와 문자언어를 아이의 역량에 맞게 학습하도록 한다면 성공적인 파닉스 수업이 될 수 있습니다. 일상에서 필요한 약 2,000단어를 익히는 초등과정 동안 말하기에 집중할 수 있다면 의사소통이 되는 영어를 충분히 할 수 있습니다.

그런데 어른들은 "빨리!"와 "많이!"를 외치며 영어 공부를 시키고 있습니다. 하지만 서두르라고 강요하면 창의력이 나올 수 없고, 많이

해야 하는 상황에서는 생각을 충분히 할 수가 없습니다. 이런 상황에서 우리 아이들은 살아남기 위해 암기를 할 수밖에 없습니다.

이제 우리 아이를 살리는 영어교육을 해야 하고, 그 시작은 파닉스로 해야 합니다. 또 모국어가 아닌 영어를 배우는 우리 아이들에게 적합한 커리큘럼으로 학습하게 해야 합니다. 이와 관련된 자세한 방법은 4부에서 설명하겠습니다.

제2부

파닉스, 언제
시작하면 좋을까?

소리언어와 문자언어의
차이를 파악하라

　친구와 싸워서 화해할 때, 사랑하는 나의 마음을 전할 때 우리는 말을 하기나 글을 남깁니다. 인간의 역사가 시작되고 말과 글은 우리의 의사소통 수단입니다.

　말이라고 하는 음성언어는 언제부터 시작되었을까요? 인류의 역사가 시작되면서 말의 역사도 시작되었습니다. 인간의 말은 인류의 진화와 더불어 더 정교해지고, 그 지역 안에서 사회적 상호작용을 거치며 지금처럼 각 나라마다 소리체계를 갖추게 되었습니다.

　음성언어인 말은 공부처럼 배워서 익히는 것이 아니라 스펀지가 물을 흡수하듯 본능적으로 흡수합니다. 엄마 뱃속에서부터 자연스레 말을 듣게 됩니다. 누가 가르쳐주지 않아도 인류의 진화와 함께 오랫동안 스스로 터득하고 습득한 능력입니다. 전 세계를 여행해 보면 어느 나라 어느 지역을 가도 그 나라 말을 못 하는 사람은 없습니다. 특히나 어린아이들은 뇌에 언어의 문이 닫히는 시기인 사춘기 전까지는 스펀지처럼 말을 흡수합니다.

환경만 만들어주면 저절로 습득되는 음성언어와 달리 문자언어는 학습해야 익힐 수 있습니다. 문자언어는 불과 5천 년 전에 그림으로 표현한 것이 시작이었습니다. 그림문자가 등장한 이후 상형문자가 생겨나고, 지금의 스펠링 체계를 갖춘 것은 셰익스피어가 활동하던 당시이니까 불과 500년밖에 안 되었습니다. 우리나라의 한글은 그보다 100년 빠른 600년 전에 만들어졌습니다. 그리고 문자언어 교육이 대중화된 것은 지금으로부터 100년도 채 안 되었습니다.

문자언어는 머리를 쓰며 노력해야만 익힐 수 있습니다. 머리를 쓰는 것, 뇌를 쓰는 것이 쉬웠다면 누구나 새롭게 배우는 일이나 공부를 잘할 수 있을 겁니다. 글을 깨치는 것이 쉬웠다면 그 옛날 까막눈이라는 말도 없었을 것입니다. 제가 어렸을 적 외갓집에 가면 "할아버지는 글깨나 읽었다", "학교를 못 가서 글을 못 배운 사람이 많았다"라는 말들을 들었습니다. 지금도 70~80대의 어르신 세대 중에는 글을 모르는 분이 더러 있지만, 문자언어 교육이 확산되고 고등교육까지 받게 되면서 문맹률은 현저히 낮아졌습니다.

우리나라의 문자교육은 어떨까요? 우리나라는 초등학교 1학년부터 문자교육을 집중적으로 받습니다. 초등학교 1학년 때는 다른 과목보다 국어를 많이 배우는데, 한글 떼기에 중점을 둡니다. 2학년이 되면 받아쓰기로 문자교육은 이어집니다. 초등학교 4학년까지 어려운 글자와 문장을 받아쓰기합니다. 더불어 책 읽기를 통해 우리말을 넓게 깊게 이해하기 위해 노력합니다.

음성언어와 달리 문자언어는 학습을 통해 익혀야 하는데, 어린아이들에게 문자언어 학습은 대단히 힘든 여정일 것입니다. 왜 언어를 습득해야 하는지에 대한 동기부여가 없기 때문입니다. 문자언어를 지도할 때는 어린아이의 눈높이를 고려해 지도해야 합니다. 어른에 비해 아직 뇌 발달이 진행 중인 아이들에게 "왜 이렇게 이해하지 못하느냐?"고 다그쳐서는 안 됩니다. 조바심을 버리고 오랜 시간 꾸준히 지도해야만 합니다.

우리 아이들은 모국어인 한글을 배울 때도 많은 노력이 필요합니다. 무려 4년여에 걸쳐 노력해야만 문자언어를 비로소 익힐 수 있습니다. 하물며 파닉스는 어떻겠습니까? 기다림의 미학이 필요하지 않을까요?

파닉스, 유치원생 때부터 시작해도 될까?

　유치원 7세 반이 시작되면 한글 문자교육을 서서히 시작하게 됩니다. 사립유치원에서는 영어 수업도 하는데, 그보다 영어 수업을 많이 하는 영어유치원에 보내려는 학부모님들이 많으시죠. 남들이 영어 유치원에 보낸다고 하면 '이제 우리 아이도 영어 파닉스를 시작해야 할까?'라고 많이들 생각하게 됩니다. 그러나 유치원에서 한글 문자 교육을 시작한다고 해서 파닉스를 시작해야 할 필요는 없습니다.

　파닉스는 음성언어와 문자언어의 관계를 이해하는 것인데, 파닉스를 한다는 것은 문자언어를 익히기 시작한다는 말입니다. 아이마다 배변을 가리는 시기가 다르듯 아이마다 문자언어에 호기심을 보이는 시기는 다릅니다. 문자언어를 익히려면 뇌에서 문자를 인지하고 받아들일 수 있는 상태가 되도록 아이가 성장해야 합니다.

문자언어를 시작하는 시기는 정해지지 않았습니다. 그것을 시작할 만큼 아이의 뇌가 발달하면 시작해도 됩니다. 글자를 보고 호기심을 보이거나 읽으려 하고, 자기 이름이나 부모님의 이름을 글로 써보려고 한다면 읽을 준비가 됐다는 신호입니다. 그때 문자교육을 시작하면 됩니다.

남자아이들보다 여자아이들은 문자언어를 익히는 시기가 빠른 경향을 보이기도 합니다. 아이가 유치원 과정에서 문자언어에 호기심을 보이면 알파벳 26글자 정도를 학습하는 것이 적당합니다. 저는 이 시기의 아이들에게는 자음짝꿍과 모음짝꿍 등과 같은 음가들은 가르치지 않습니다. 우리말의 받침글자와 된소리글자처럼 아이들이 받아들이기 복잡한 글자이기 때문입니다. 기본글자도 제대로 익히지 못한 채 무리하게 학습할 필요가 없습니다. 영어권 나라에서도 자음짝꿍과 모음짝꿍은 유치원 과정에서 수업하지 않습니다. 억지로 수업해도 전혀 이해하지 못해서 아무것도 남는 것이 없고 훗날 부작용이 클 수밖에 없습니다.

여러분의 자녀가 영재가 아니라면 유치원 7세 반까지는 모국어에 집중하는 것이 바람직합니다. 모국어로 사고하고 표현할 수 있는 만큼 외국어도 할 수 있습니다. 아직 모국어를 제대로 할 줄 모르는 상태에서 굳이 외국어 문자교육을 시작하는 것은 좋지 않습니다. 오히려 처음부터 모국어와 외국어를 동시에 배우는 아이들은 언어발달이 느리기도 합니다. 우리말을 배우는 것도 버거워하는 시기에 외국어까지 동시에 공부하라고 하면 아이는 힘들어합니다.

모든 언어는 말을 많이 듣고 내뱉다 보면 자연스레 늘게 됩니다. 아이와 일상에서 대화를 많이 하다 보면 표현할 수 있는 단어도 많이 익히게 되고 생각도 무럭무럭 자라납니다. 많이 듣고 많이 말하는 아이는 의사소통의 희열을 느끼게 되고, 음성언어를 문자언어로 표현하려는 욕구도 생깁니다. 모국어의 문자언어를 어느 정도 익히게 되면 외국어 문자교육도 자기 주도적으로 받아들이게 됩니다.

그런데 영어를 일찍부터 배우면 발음이 좀 더 유창해질 거라고 생각하시는 분들이 많습니다. 하지만 일찍 시작한다고 해서 영어 발음이 반드시 좋아지지는 않습니다. 늦게 시작해도 영어 발음은 좋아질 수 있습니다. 영어권 나라에 살면서도 영어 발음이 원어민처럼 되는 사람도 있고 안 되는 사람도 있습니다. 중요한 것은 자신의 성향과 의지에 따라 발음이 달라집니다.

우리는 영어를 모국어로 사용하지 않기 때문에 영어 발음에 민감한 것 같은데, 발음이 안 좋다고 해서 영어권 나라에서 의사소통을 하지 못하지는 않습니다. 예를 들어, 경상도나 전라도에 살던 사람은 서울로 이사 가면 서울말을 좀 어색하게 합니다. 서울말을 하지만 경상도나 전라도 특유의 억양이 남아 있기 때문입니다. 그렇다고 해서 의사소통이 안 되는 것은 아닙니다. 개그맨 강호동 씨의 경우 경상도 억양이 강하지만 그런 말투를 매력 있게 느끼는 사람도 많습니다. 마찬가지로 영어권 나라에서 생활하면서 인도식 영어, 영국식 영어, 한국식 영어를 한다고 해서 의사소통이 안 되는 것은 아닙니다. 미국 등 영어권 나라에서 발음보다 더 중요한 것은 자신의 생각을 사고하여 표현해낼 수 있느냐입니다.

그러니 발음을 좋게 하기 위해 유치원 과정에서 영어를 시작할 필요는 전혀 없습니다. 영어를 외국어로 학습하는 환경에서는 모국어가 아니기 때문에 언제 시작하는지와 상관없이 결국엔 한국식 억양이 남아 있을 수밖에 없습니다. 따라서 발음보다는 자신의 생각을 조리 있게 말하도록 교육해야 우물 안 개구리식 영어에서 벗어날 수 있습니다.

아이가 파닉스를 시작할 준비가 되어 있다면 괜찮겠지만 유치원에서 파닉스 문자교육을 천편일률적으로 시작할 필요는 없습니다. 굳이 영어교육을 시키고 싶다면 영어 문자교육 대신 영어 동화책을 읽어주며 영어 소리에 노출시키고, 영어 동화책의 스토리와 영어권 문화에 호기심을 가지게 하는 정도가 적당할 것 같습니다. 또 유치원 과정에서는 가만히 앉아서 무언가를 읽고 쓰는 것보다 온몸으로 활동하는 것이 좋습니다. 영어 노래나 동요를 듣더라도 춤을 추며 듣거나, 리듬에 맞춰 율동하는 것이 좋습니다.

제가 추천하고 싶은 영상물로는 최근 영국 BBC방송에서 제작한 영유아 파닉스 애니메이션 'alphablocks'가 있습니다. 이 영상물에

BBC방송에서 제작한 'alphablocks'의 한 장면입니다.

는 A부터 Z까지 각 알파벳의 소리에 맞는 캐릭터들이 등장하는데요. 저희 아이도 6살부터 보면서 알파벳 글자와 소리를 재미있게 익혔습니다. 아이들의 눈높이에 맞게 재미있는 에피소드로 구성되어 있어서 숨도 안 쉬고 볼 정도로 좋아합니다. 같이 시청하는 저도 무의식적으로 따라서 발음할 정도로 잘 만들어진 이 영상물은 유튜브에서 무료 시청이 가능합니다. 1단계의 알파벳 소리부터 5단계의 장모음까지 단계별로 많은 에피소드가 있어서 좋습니다.

그렇지만 아무리 좋은 영상물이라도 영유아기에 영상물 시청을 많이 하는 것은 좋지 않습니다. 가뜩이나 스마트폰과 TV 등 자극적인 영상매체에 노출되는 위험을 안고 사는데, 시청시간은 제한적이어야 합니다. 그리고 가급적 부모님과 함께 시청하는 것이 좋습니다.

이외에도 짐 하트만(Jim Hartmann)의 'alphabet song', 'count to 10' 등 노래와 율동을 보여주며 글자를 익히게 하는 영상물도 있습니다. 이런 영상은 아이와 함께 시청하며 춤추거나 율동하며 따라 부르기 좋습니다. 짐 하트만의 영상물은 미국 공립유치원에서도 액티비티 시간에 틀어줍니다. 멜로디가 매우 간단하고 아이들을 위해 만든 노래라고 해서 유치하지도 않습니다. 어른인 저도 한 번씩 흥얼거리게 될 정도로 신나는 노래입니다. 재미있는 율동이 많아서 아이들이 온몸으로 부르며 좋아합니다. 제 아들은 초등학교 5학년이 된 지금도 한 번씩 이 노래를 틀어놓고 따라 부를 정도니까요. 유튜브에 'Jim Hartmann'이라고 검색하면 여러 가지가 나옵니다.

아이에게 처음으로 두 발 자전거를 타는 법을 가르쳐줄 때는 앞에서 끌어당기지 않고 뒤에서 밀어주지요? 아이를 키울 때 한 발 앞에서 끌고 가는 것보다 한 발 뒤에서 밀어주는 것이 어떨까요? 아이가 앞으로 나아가고 싶다고 신호를 보내면 그때 밀어주면 됩니다. 파닉스 교육도 마찬가지라는 것을 명심하시기 바랍니다.

파닉스, 언제
시작하는 게 좋을까?

우리나라에서는 언제 파닉스를 시작해야 할까요? 파닉스를 이루는 음성언어와 문자언어를 배우기 시작하는 시기는 각각 다릅니다. 음성언어 학습은 태어나면서부터 언제라도 가능합니다. 영어를 구사할 수 있는 사람이 직접 말해 주고 반응해 주면 가장 좋습니다. 그렇지 않으면 영어로 된 영상물을 시청하거나, 영어 노래를 듣고 따라 부르기, 영어 책 읽어주기 등을 활용할 수 있습니다. 영상물은 제한된 시간 내에 보호자와 함께 시청하면 좋습니다. 전문가에 따르면 만 7세 전의 어린이들에게 미디어 노출은 한 번에 30분 정도 시청하는 것이 좋다고 합니다. 또 아이들은 미디어를 누군가와 함께 시청하는 것을 선호합니다.

음성언어와 달리 문자언어는 아이가 받아들일 준비가 될 때 시작하는 것이 좋은데, 아이마다 시작하는 시기가 다를 수밖에 없습니다. 옆집 아이가 배변훈련을 생후 1년 6개월 만에 했다고 우리 아이도 그렇게 해야 할까요? 그렇지 않습니다. 내 아이의 뇌가 문자언어를 받아들일 만큼의 생각주머니를 키워야 비로소 문자언어를 학습할 수 있습니다. 억지로 시키면 나중에 후폭풍이 따르니까요. 모국어인 한글 깨치기를 어느 정도 시키고 나서 외국어의 문자학습을 시작하는 것이 좋습니다.

전 세계의 모든 초등학교 교육과정이 만 7세 무렵에 시작하는 것에는 이유가 있습니다. 유치원을 졸업할 때와 초등학교 1학년에 입학할 때는 몇 달 정도 차이 나지만 이 시기에 아이들은 훌쩍 크는 것 같습니다. 얼마 전까지만 해도 유치원생이었던 아이가 초등학교에 들어가면서 상당히 학생다운 티도 나고 의젓해진 깃을 우리 부모님들만 느끼지는 않을 겁니다. 실제로 이 시기가 되면 사회성도 키우고, 참을성도 키우며, 생각 주머니도 커지고 어느 정도 학습이 가능한 상태가 됩니다. 초등학교에 입학하면 한글 떼기가 공부의 전부라고 할 정도로 반년 동안은 문자언어와 학습태도를 배웁니다. 학습태도가 잡혀야 학습활동이 원활히 진행될 수 있기 때문입니다. 그래서 학습태도가 어느 정도 자리 잡게 되는 1학년 1학기 이후에 파닉스를 시작하는 것이 바람직합니다.

초등학생 아이들은 한 해 한 해 크는 것이 다르기 때문에 1학년이냐, 2학년이냐, 3학년이냐에 따라서 파닉스 학습 진행 방법과 속도는 다릅니다. 초등학교 1학년과 4학년은 말하는 것부터 노는 것까지 너무 다릅니다. 공부에서도 이 차이가 확연하게 보입니다. 같은 파닉스 교재로 공부하더라도 각자 다른 활동으로 수업을 진행해야 하고, 학년에 따라 각 영역별 성취도도 다릅니다.

초등학생 아이들의 학년별 파닉스 학습방법은 다음과 같이 달라야 합니다. 1~2학년에 영어를 배우기 시작하는 경우 듣기와 말하기 영역을 3~4학년에 비해 잘합니다. 반대로 3~4학년에 영어를 배우기 시작하면 읽기와 쓰기 영역을 1~2학년에 비해 잘합니다. 학년이 올라가면서 뇌 발달로 인해 이해력과 인지력이 향상되어 문자언어를 빨리 받아들이기 때문입니다. 학년이 낮을수록 본능적으로 습득되는 음성언어와 관련된 듣기와 말하기를 더 잘합니다. 그렇다고 해서 그 나이에 그 영역만 익히도록 하는 것은 바람직하지 않습니다. 언어의 4가지 영역인 듣기와 말하기, 읽기와 쓰기를 골고루 익히되, 잘하는 영역을 다른 영역보다 좀 더 많이 하도록 하는 것이 좋습니다.

영어 공부를 남들보다 늦게 시작했다고 조급해하실 필요는 없습니다. 저학년 때 일 년 걸려 학습한 것을 고학년에 시작하면 한 달 만에 끝낼 수도 있습니다. 뇌가 발달한 만큼 이해력이 향상되어서 새로운 개념을 이해하는 데도 빠릅니다. 그러나 머리로만 익히기보다는 몸으로 익혀야 빨리 익히고 오래 기억됩니다.

그런데 초등학교 3학년 이후는 사춘기가 시작되는 시기라서 자기

고집이 강해집니다. 좋은 학습은 좋은 습관을 갖추어야 가능합니다. 학습 습관이 안 좋고 자기 고집만 부리는데 파닉스를 시작하면, 오히려 학습 습관도 학습 성과도 망치는 이중고를 겪을 수 있습니다. 그래서 3학년 이전에 파닉스를 시작하면 학습 습관과 학습 성과, 두 마리 토끼를 잡을 수도 있습니다. 4학년이 되면 영어뿐 아니라 수학과 사회, 과학 등 다른 과목도 배워야 하고, 학습량이 많아집니다. 상대적으로 여유 있는 저학년 시기에 파닉스를 여유 있게 학습하면서, 서두르지 않고 익힌 것을 완전히 자기 것으로 만들어내는 좋은 학습 습관과 태도까지 기른다면 더할 나위 없겠습니다.

참고로, 보통 여자아이들은 남자아이들보다 문자언어에 관심이 많고 습득력도 뛰어납니다. 남자는 하루에 약 2천 단어를 말하는 데 비해 여자는 남자의 세 배인 약 7천 단어를 말합니다. 많이 말하니까 말을 더 잘할 수밖에 없죠. 평균적으로 여자아이들은 남자아이들에 비해 언어발달이 빠르기도 합니다.

여러분의 아이에게 파닉스를 교육하기 전에 다음의 세 가지를 고려해야 합니다. 첫째는 아이가 문자언어에 관심을 가지느냐입니다. 아이가 문자에 관심을 보이지 않으면 문자를 받아들일 준비가 되어 있지 않다는 신호를 보내는 것입니다. 준비되지 않았다면 아무리 훌륭한 교재와 선생님도 무용지물입니다. 한 달을 해도 일 년을 해도 허송세월만 보내게 됩니다. 앞서 말했듯이 문자 학습은 문자언어에 호기심을 보이거나 할 수 있는 시기가 되었을 때 시작해야 합니다. 그리고 한글 깨치기가 어느 정도 되고 나서 파닉스를 하는 것이 바람직합니다. 한글 학습이 자리 잡고 영어 글을 익히면 수월하게 진행될 수 있습니다. 두 가지를 동시에 진행해도 잘하는 아이들도 있지만 대부분은 힘겨워하는 경향을 보입니다.

둘째는 시간의 기회비용입니다. 매일 한 시간씩 영어를 공부한다면 그 시간에 하지 못하는 다른 활동을 고려해야 합니다. '시간은 금이다'라는 말이 있는데, 특히 성장기의 아이들에게 시간은 금보다 더 값진 것입니다. 한창 성장하는 아이들은 오늘의 경험이 쌓여 내일이 만들어집니다. 영어를 배우는 데 많은 시간을 할애하느라 정서적인 교감을 나누는 것, 예체능을 하는 것, 뛰어놀면서 창의력을 키우는 것, 친구들과 관계를 맺는 것 등을 등한시한다면 안 되겠지요. 한 번 지나가면 돌아오지 않을 그 시간에 영어를 공부하는 데 따르는 시간의 기회비용을 생각해야 합니다. 또 영어를 일찍부터 많이 시킨다고 해서 반드시 잘하지는 않습니다. 물론 남들보다 영어를 잘할 수도 있겠지만 그만큼 잃는 것에 대해서도 생각해 봐야 하지 않을까요?

셋째는 돈의 기회비용입니다. 영어는, 언어이기 때문에 휘발성이 있습니다. 사용하지 않으면 잊어버리게 됩니다. 피아노, 수영, 태권도보다 오래 배워야 일정 수준으로 올라갑니다. 1~2년 배우다 그만두면 다시 제자리로 돌아오니, 오랜 시간 꾸준히 학습하는 데 따르는 비용을 생각해야 합니다. 시작하는 시기에 따라 다르긴 하지만 보통 파닉스 과정은 6개월~1년을 공부한 이후에 기본적이 생활문장을 듣고 말하고 읽고 쓰기까지 2년 정도 소요됩니다. 또 최소 3년은 쉬지 않고 영어를 해야 실력이 퇴화하지 않습니다. 이 기간 동안 영어를 배우려면 돈의 기회비용이 발생하게 됩니다.

다시 말하지만 파닉스 시작 시기는 정해지지는 않았습니다. 아이들은 각자 자기만의 시간표를 가지고 있습니다. 걸음마를 할 수 있을 때 걸어야 하고, 배변을 가릴 수 있을 때 가르쳐야 하며, 글자를 받아들일 수 있을 때를 기다려서 시작해야 합니다. 그러니 파닉스 시작 시기 역시 내 아이가 그것이 가능해지는 시기가 바로 정답입니다.

요즘 아이들 영어 공부,
"나 때는 말이야"는 사절

저는 지금 한국과 미국을 오가며 영어를 교육하고 있지만 중학교 1학년 때 영어를 처음 배웠습니다. 당시 영어 과목 선생님은 학교에서도 잘 가르치시는 것으로 유명하셨습니다. 첫 수업시간에 누런 종이에 A부터 Z까지 적힌 알파벳 26글자와 발음기호표 그리고 우리말로 어떻게 소리 나는지를 정리한 표를 나누어 주셨습니다. 우리는 알파벳 이름을 따라 읽고 우리말로 된 알파벳 소리를 따라 읽었습니다.

어느 정도 연습을 하고 나서 선생님은 'desk'라는 단어를 보여주시면서 읽어보라고 하셨습니다. 누런 종이의 표를 바라보면서 글자를 하나씩 찾아서 알아맞혔습니다. [ㄷ, ㅔ, ㅅ, ㅋ]라고 썼는데 읽을 줄을 몰라서 한참이나 어리둥절했습니다. 그때 선생님이 "자음과 모음은 하나의 글자로 만들고, 받침 없는 글자는 [_]를 넣어서 글자를 만들어서 읽어보자"라고 하셨습니다. 비로소 글자다운 글자가 만들어져서 읽을 수 있었습니다. 무성음이 들어간 원어민 발음이 아니었지만 우리말의 3음절인 "데, 스, 크"라고 읽으면서 뿌듯했습니다.

이렇게 영어 알파벳 글자에 국어 소리를 연결하는 것으로 영어 공부를 시작했습니다. 이후에 우리말식 영어 발음이 굳어져서 이를 고치는 데 상당한 어려움을 겪었습니다. 듣기는 또 왜 그렇게 안 되는지, 듣기를 잘하기 위해 미국 대통령과 유명인사 등이 연설문을 말하는 것이 담긴 카세트테이프를 부록으로 제공하는 책을 사서 수백 번을 들었습니다. 그런데도 귀가 안 뚫리고 발음도 교정되지 않던 시절을 보내야 했습니다. 그 시절을 보내면서 저는 깨달았습니다. '내가 처음 영어를 배울 때 들은 것은 영어 소리가 아니라 영어 글자를 한글 소리로 바꾼 것'이라는 것을요. 그래서 훗날 고생하게 된 것입니다.

저는 듣고 말하는 음성언어를 영어가 아닌 한국말로 하고, 읽고 쓰기만 영어로 해서 그렇게 힘들었습니다. 골고루 음식을 섭취하지 않고 편식을 했더니 몸이 아픈 것처럼 말입니다. 우리 세대 대부분은 이렇게 영어를 공부했습니다.

지금의 아이들은 어떤 영어를 하나요? 많은 학부모님들이 자신의 실수를 대물림하지 않기 위해 자녀에게 어릴 적부터 영어를 시키려고 합니다. '자기보다 일찍 영어를 시작하면 보다 낫겠지'라는 희망을 가집니다.

그런데 지금 우리 아이들은 또 다른 문제를 겪고 있습니다. 우리 때는 문자언어만 배우느라 음성언어를 제대로 배우지 않아서 문제가 됐는데, 이제는 음성언어는 익히고 문자언어를 제대로 배우지 않아서 문제가 되고 있습니다. 처음 영어를 익힐 때 만나는 교재의 대부분이 'listen and repeat', '듣고 따라 말하기'를 하라고 합니다. 스스로 생각하며 글을 읽을 틈을 주지 않습니다. 곧바로 들려오는 음원 소리를 듣고 외워서 말하게 합니다. 그러다 보니 문자언어와 연결하며 읽는 습관을 기르지 못하게 됩니다. 글을 읽는 방법을 제대로 익히지 않고 앵무새처럼 따라 말하는 연습을 시키는 파닉스 수업도 있습니다.

그런데 "우리 애는 파닉스를 안 했는데도 읽을 수 있어요"라고 말하시는 분들이 있습니다. 저는 그 이유는 2대 8의 법칙 때문이라고 생각합니다. 세상 모든 분야에는 타고난 사람들이 있습니다. 상위 20%는 잘 배워서 잘하는 것이 아니라 그 분야에 타고난 재능이 있어서 잘합니다. 피아노를 똑같이 배우지만 곧잘 하는 아이들이 있습니다. 운동을 잘하는 아이들도 있습니다. 언어에도 타고난 재능이 있는 20%의 아이들이 있습니다. 그 아이들은 스스로 음성언어와 문자언어를 연결하는 원리를 터득해서 읽어낸 것입니다.

그러나 80%의 아이들은 파닉스를 제대로 배우지 않으면 소리만 외워서 글자를 때려 맞히게 됩니다. 'apple'이라는 단어를 보고 [애, 프을]이라고 읽지 않고 단어를 보자마자 찍는 것입니다. 파닉스를 잘못 배우는 아이들의 부모님들 대부분은 "우리 애는 배운 글자만 읽어요" 또는 "나중에는 읽겠지만 지금은 아직 못 읽어요"라고 말하십니다. 지금 못 읽으면 나중에도 읽을 수 없습니다. 파닉스는 글자의 원리를 깨치는 것이기 때문에 지금 문자 메커니즘을 이해하지 못하면 나중에도 제대로 읽지 못합니다. 느리지만 읽을 수 있어야 합니다. 배운 글자를 암기해서 읽게 하기보다는 안 배운 글자도 읽을 수 있게 해야 합니다. 안타깝게도 지금 시중의 파닉스 교재와 수업방법으로는 그렇게 되기 힘듭니다.

파닉스를 하지 않았던 우리 세대는 영어 글자를 비록 국어 소리로 읽었지만 읽기는 했습니다. 다만 원어민이 자신의 발음을 못 알아들어서 의사소통이 안 되는 것이 문제였지, 지금처럼 까막눈은 아니었습니다. 그런데 요즘 아이들은 원어민 발음을 곧잘 소리 내는 것 같지만 정작 글을 읽지 못하는 경우가 많습니다. 처음 보는 단어는 입을 떼지 못하고, 모든 단어를 암기해야만 읽을 수 있는 것입니다.

우리 아이들은 외국어를 배우는 환경에 처해 있기 때문에 영어 소리를 들어보고 따라 말하는 것이 필요할 수밖에 없습니다. 하지만 따라 말하기 전에 글을 보고 읽는 연습을 선행해야 합니다. 우리 세대가 발음이 안 되는 것을 보완하기 위해 수없이 들려주며 따라 말하게 하는 'listen and repeat'가 아이들을 생각 없는 앵무새로 만들어

94

놓고 있습니다. 영어 글자를 보고 생각하는 습관을 기르지 못하는 아이들은 이후에도 글자를 보고 읽어야 한다는 생각조차 하지 않습니다. 음원을 듣고 따라 말하는 데 익숙해진 아이들은 굳이 힘들게 생각하려 하지 않습니다.

예를 들어, 'Happiness is not a destination. It is a way of life.'라는 문장을 살펴볼까요? 어른들은 한 번에 글자가 눈에 들어와서 쭉 읽을 수 있지만, 이 단어를 배우지 않은 아이들은 그렇지 못합니다. 글을 보고 바로 읽을 수 있는 파닉스의 원리를 모른다면, 음원이 나오길 멍하니 기다리다 음원이 들려주는 대로 따라 말하려 할 겁니다. 아이들은 굳이 힘들게 머리를 쓰면서 읽으려 하지 않습니다. 이러한 습관이 형성되면 고등학생이 되고 성인이 되어서도 영어 실력이 제자리에 머물게 됩니다.

심지어 고등학생이 되어서도 자신이 영어 문맹이라는 사실을 깨닫지 못합니다. 우리는 과연 이 문제를 아이들 때문이라고 탓할 수 있을까요? 제대로 된 파닉스 교육을 하지 않은 어른들의 문제, 잘못된 수업방식을 고수한 사람들에게 문제가 있지 않을까요? 영어를 잘못 배운 아이들은 10여 년이 지나 고등학생이 되어서도 단어를 읽지 못해서 외우기가 어렵고, 모르는 단어가 많아서 모의고사 지문을 읽지 못합니다. 아무리 열심히 공부해도 3등급 이하의 성적을 받게 됩니다.

처음 영어를 배우기 시작할 때부터 암기하는 습관이 생기면 큰일

납니다. 글자를 보고 생각하며 읽는 습관을 걸러야 합니다. 듣고 따라 말하는 데 치중하면 영어 발음은 좋아질 수 있지만 자신의 생각을 키울 수는 없습니다. 사실 영어권 나라에서는 영어 발음이 안 좋더라도 자신의 생각을 말하는 사람을 더 인정해 줍니다. 이러한 점은 아카데미 여우조연상을 수상한 윤여정 배우와 반기문 사무총장을 보면 알 수 있습니다. 이들은 수상소감 또는 연설문을 말할 때 발음이 좋지는 않았지만 좋은 평가를 받았습니다. 사람들은 그들이 말하는 메시지에 감동을 받고, 그들의 위트 있는 말들에 매료되었습니다.

발음까지 좋으면 금상첨화겠지만 우리는 영어를 외국어로 사용하는 환경에 처해 있으니 너무 발음에 매몰되지 말아야 합니다. 제 지인 중에는 미국에서 대학교수로 활동하는 한국 출신 친구들이 있는데, 이들의 발음은 원어민 발음이 아닙니다. 또 미국에서 직장생활을 하는 많은 이민자들이 발음도 그저 그렇습니다. 우리가 한국어를 아무리 잘하는 외국인을 만나더라도 외국인 특유의 발음을 눈치채듯이, 미국 원어민들은 독일식 영어, 인도식 영어, 러시아식 영어 등 출신 국가의 발음과 억양을 귀신같이 눈치챕니다. 그렇다고 해서 이들을 무시하지는 않습니다. 발음이 훌륭하지 않더라도 자신의 생각을 잘 말하고 자기를 잘 표현하는 사람을 인정해 줍니다. 그러니 처음 파닉스를 시작할 때 앵무새처럼 따라 말하지 말고, 생각하며 읽고 말하는 습관부터 기르도록 해야 합니다.

파닉스는 누구에게
배워야 할까?

아무리 훌륭한 교재가 있어도 가르치는 사람이 누구냐에 따라 수업의 결과는 하늘과 땅 차이가 납니다. 그렇다면 처음 영어를 시작하는 파닉스 수업은 누가 잘 가르칠까요? 원어민 선생님, 교포 출신 선생님, 한국인 선생님 중에 누가 가장 파닉스를 잘 가르칠 수 있을까요?

대부분은 영어를 가장 잘하는 원어민 선생님이 잘 가르칠 거라고 생각합니다. 그런데 원어민 선생님도 아니고 교포 출신 선생님도 아닌 한국인 선생님이 파닉스를 가르쳤을 때 가장 결과가 좋습니다. 왜 그럴까요?

우선, 원어민 선생님은 한국말을 모릅니다. 이제 막 abc부터 배우기 시작하는 아이들은 아는 영어가 하나도 없습니다. 그런데 한국말을 모르는 원어민 선생님이 영어로 설명해 주면 아이들은 아무것도 이해할 수 없습니다. 학생과 선생님은 의사소통을 제대로 할 수 없습니다. 수업 내용에 대해 이해하지 못하니 아이들은 수업에 집중하지 못합니다. 수업 분위기를 망치지 않기 위해 선생님이 "큰 소리로 말해 보자", "조용히 하자", "써 보자" 등과 같은 말을 영어로 하지만 무슨 말인지 알아듣지 못해서 교실은 아수라장이 되기 일쑤입니다.

또 파닉스 수업의 첫 시간에는 대개 음성언어를 배웁니다. 원어민 선생님이나 교포 선생님의 발음은 오디오에서 나오는 음원처럼 훌륭해서 좋은 수업이 될 것 같지요? 그러나 그들은 태어나면서부터 영어를 모국어로 습득했기 때문에 자연스레 영어 발음을 구사하는 입술과 혀의 위치가 이미 만들어졌습니다. 여러분은 한국어를 발음할 때의 입술과 혀의 위치를 정확히 설명하실 수 있나요? 마찬가지로 그들은 자신들의 영어 발음이 왜 그렇게 소리 나는지를 제대로 설명할 수는 없습니다.

반면에, 한국인 선생님들은 한국어 발음과 다른 영어 발음을 제대로 발음하기 위해 노력하십니다. 자신 역시 경험한 바 있으니 학생들이 무엇을 어려워하는지 잘 알고 있습니다. 한국인이 영어를 발음할 때 어떤 알파벳은 발음하기 어렵고, 어떤 알파벳은 어떤 점에 주의하며 발음해야 그 소리가 나는지도 잘 압니다. 또 원어민 선생님은 우리나라 아이들의 정서를 잘 이해하지 못하는 데 반해 한국 선생님들은 아이들과 좋은 감정을 교류할 수도 있습니다.

그렇다고 원어민 선생님 또는 교포 선생님에게 영어를 배우지 말라는 말은 아닙니다. 원어민 선생님과 교포 선생님 중에는 자신의 단점을 극복하고 장점을 살려 잘 가르치는 분들도 많습니다. 원어민 선생님, 교포 선생님, 한국인 선생님 중 누구에게 배우느냐가 중요한 것이 아니라 영어를 처음 배우는 학생의 눈높이에 맞춰 지도하는 것이 중요합니다. 영어 수업 경력이 아무리 많아도, 아무리 어려운 상위 레벨 수업을 잘해도, 학생들에 대한 이해가 없으면 수업의 결과물을 기대하기 어렵습니다.

그런 점에서 볼 때 한국인 선생님이라고 해서 한국 학생들을 위한 파닉스 수업을 모두가 잘할 수 있는 것도 아닙니다. 아무리 경력이 많더라도 잘못된 수업방식에 젖어 있는 선생님보다는 오히려 경력이 부족하지만 파닉스를 제대로 이해하고 수업하시는 선생님들이 잘 가르시는 경우가 많습니다.

바람직한 파닉스 교육이 되기 위해서는 어린 학생들을 이해하고 그 눈높이에 맞게 수업해야 합니다. 파닉스 수업은 수업의 내용 자체도 중요하지만 처음 영어를 시작하는 학생들과 선생님이 좋은 관계를 형성하고, 바람직한 학습태도를 기르도록 하는 것이 중요합니다. 어린 학생들은 틀리고 못 하더라도 '괜찮다'는 편한 마음이 들어야 합니다. 뒤에서 소개하겠지만 학생이 불편해하는 수업에서는 적극적인 참여를 이끌어내기 어렵습니다. 그런데 아이들 중 상당수는 원어민 선생님이 낯설어서 수업을 힘들어하기도 합니다.

제 경험으로는 원어민 선생님이 파닉스 수업을 전담하기보다는 한국인 선생님의 단점을 보완해 보조적으로 가르치는 방식이 좋은 것 같습니다. 그리고 영어를 모국어로 하는 5개 나라인 미국, 영국, 호주, 뉴질랜드, 캐나다의 발음은 조금씩 다르다는 점도 고려하셔야 합니다. 각 나라마다 몇 개의 알파벳을 조금씩 다르게 발음하지만 이들은 모두 영어를 모국어로 사용하는 나라들입니다. 많은 학부모님들이 가끔 어느 나라의 영어를 배우는 것이 좋을지를 고민하시기도 하는데요, 어느 나라의 영어를 배워도 상관없습니다. 다만 한 나라의 발음 방식으로 학습을 하고, 이후에 다른 영어 발음도 비교해 가며 익히는 것이 좋습니다.

결국 파닉스 수업은 반드시 원어민 선생님이 가르칠 필요가 없습니다. 학생이 영어로 100% 의사소통할 수 있을 때, 무엇보다 영어 원어민처럼 말하기를 원할 때 원어민 선생님이 필요한 것 같습니다. 또 경력이 부족하더라도 아이들을 이해해 주는 선생님, 아이들에게 충분히 이해할 수 있도록 가르치고 기다려주는 선생님이 가장 좋은 선생님입니다. 아이들 한 명 한 명을 모두 신경 써주며 파닉스를 즐겁게 배우도록 이끈다면 더할 나위 없겠죠.

시기별 학습방법과 기간만 알아도 절반은 성공

모국어인 한국어는 유치원 때부터 미리 배우고 초등학교 1학년이 되면서 본격적으로 공부하기 시작합니다. 이와 달리 영어교육을 시작하는 시기는 천차만별입니다. 우리나라 공교육에서는 초등학교 3학년부터 영어교육을 시작하며 파닉스를 배우는데, 사교육을 통해 일찍 시작하는 경우가 많습니다. 사교육 파닉스 과정은 유치원 7세반부터 초등학교 5학년까지 다양하게 이루어집니다.

그런데 앞서 살펴보았듯이 초등학교 1학년과 초등학교 5학년의 학습 태도와 이해도는 차이 납니다. 같은 학년 안에서도 아이의 생일이 3월생이냐 12월생이냐에 따라 학습의 격차가 생기는데, 같은 학년이라서 같은 수준의 파닉스 수업에 참여하게 됩니다.

음성언어는 개인에 따라 일찍 공부하기 시작하기도 하고 문자언어와 같이 공부하기 시작하기도 합니다. 문자언어는 앞서 설명한 바와 같이 대개 만 7세 전후로 공부하기 시작합니다. 음성언어를 어느 정도 공부했다면 파닉스 수업의 진도를 결정하는 것은 음성언어가 아니라 문자언어입니다. 음성언어인 소리는 태어나면서부터 익히는지라 쉽게 배울 수 있지만 사용하지 않으면 쉽게 까먹을 수도 있습니다. 문자언어인 글은 쉽게 습득되지 않지만 한 번 터득하면 오래 남습니다. 또 문자언어인 글을 학습하는 것은 개인의 노력과 생각주머니의 크기에 따라 확연한 차이를 보이므로, 그 시기에 맞게 지도해야 합니다.

| 7세까지

유치원생인 7세 무렵 아이들에게는 굳이 영어를 가르치고 싶다면 영어 소리에 노출되도록 하는 정도로만 하는 것이 바람직합니다. 문자언어 교육은 시작하지 않는 것이 좋습니다. 한글도 제대로 모르는데 영어를 한다는 것은 어불성설이겠죠. 우리나라 유치원 교육과정에서도 한글 문자교육을 7세 반 2학기 정도에 들어갑니다. 만약 국어와 영어의 문자교육을 동시에 하게 되면 두 언어의 차이를 모르니 문제가 됩니다. 예를 들어, 한글의 [애기]라는 글자를 보고 한글과 영어 알파벳을 섞어 쓰기도 합니다. [애기]를 [OH, ㄱ]라고 읽는 아이도 있는데, 알파벳으로 'O', 'H', 'I'라고 읽고, 우리말 '기역'과 비슷한 영어 알파벳은 없으니 그냥 '기역'으로 읽어서 그런 것입니다. 이처럼 한글과 영어를 섞어 쓰는 것이 귀여워 보일 수도 있겠지만 글자를 제대로 인지하지 못하는 부작용은 꽤 오래갑니다.

| 7세~초등학교 1학년

이 시기에는 모국어로 자신의 생각을 잘 표현하지 못하는 경우가 많아서 영어 수업을 권하지는 않지만 굳이 영어를 가르치고 싶다면 오감이 가미된 파닉스를 하는 것이 바람직합니다. 아이들은 어른들보다 온몸의 감각이 살아 있습니다. 눈이나 귀 등 하나의 감각기관만 이용하는 데 그치지 않고 두세 가지 감각기관을 활용하게 되면 더 오래도록 기억할 수 있습니다. 알파벳의 소리를 듣기만 하기보다 소리 내는 그 입 모양을 눈으로 보고, 그와 관련된 모습을 그림에서 찾아보며, 그 소리를 입으로 직접 말하는 등의 활동을 하는 것이 좋습니다. 알파벳 글자를 쓸 때는 공책에 쓰기만 하기보다 발이나 손 등 몸을 이용해 써보는 것이 바람직합니다. 앞자리의 친구 등에 글자를 써보기, 허공에 써보기, 종이로 글자를 오리고 붙이기 등으로 여러 가지 쓰기 활동을 할 수 있습니다.

이 연령의 아이들은 아직 교실 수업에 익숙하지 않습니다. 수업시간에 의자에 앉아 있는 것도 연습이 필요한 때이므로 수업 중에 화장실 가는 방법, 교재와 필기도구를 챙겨 와서 수업준비하기 등을 하나하나 배우는 것도 필요합니다. 다시 말해 이 시기의 아이들은 수업을 하기 위한 준비가 아직 덜 되어 있습니다. 그러니 "1학년 담임 선생님은 아무나 못 맡는다"는 말이 학교 선생님들 사이에서 통하고 있습니다.

1학년 아이들은 주로 생활습관과 태도를 만들어가며 한글 깨치기를 집중적으로 합니다. 파닉스 역시 아이들이 교실 환경에 적응하고 영어라는 새로운 것을 배우려는 준비가 되어 있어야 비로소 학습이 이루어집니다. 또 한마디로 손이 많이 가는 학년이지만 모방심이 강해서 말을 따라 하는 것에 거부감이 전혀 없으므로 장점도 있습니다. 학년이 어릴수록 소리는 빨리 받아들이고 글은 느리게 받아들이는 경향이 있으니, 이때는 소리언어를 좀 더 집중적으로 가르치면 좋습니다.

| 초등학교 2~3학년

초등학교 2학년이 되면 어느 정도 의젓한 모습을 보입니다. 학교에 등교하는 것부터 1학년 때와 사뭇 다른 모습을 뒷모습만 봐도 느끼실 수 있습니다. 교실 안에서도 그렇습니다. 선생님의 말씀에 귀기울일 줄 알고 지시에 따른 활동을 이해하고 참여할 수 있습니다. 소근육도 발달하여 쓰기도 곧잘 합니다. 아직 사춘기 전이라 발음을 잘하지 못해도 따라 하는 것에 부끄러워하지 않고, 말하는 것을 좋아해서 음성언어 학습도 적극적으로 하려 합니다. 그리고 문자를 받아들여 단기기억에서 장기기억으로 넘길 수 있는 생각주머니도 어느 정도 커진 상태입니다. 모국어도 어느 정도 잘해서 파닉스를 시작하기 좋은 연령대입니다.

| 초등학교 4~5학년 1학기

사춘기가 시작되면서 자기 고집도 세지고 남과 비교하기 시작하므로 말하기에 소극적인 모습을 보여서 음성언어를 풀어내기가 쉽지 않습니다. 그러나 이 시기에는 문자언어를 익히는 속도가 이전 연령대보다 빨라집니다. 하지만 이 시기에 음성언어 실력이 부족한 상태에서 문자언어를 익히면 문제가 생깁니다. 이런 아이들에게는 무리해서 문자언어를 가르치지 말고 음성언어의 기초부터 다지게 하는 것이 좋습니다.

| 초등학교 5학년 이후

영어는 학년이 올라가도 음성언어와 문자언어의 두 축을 잡아 나가야 잘할 수 있는데, 학생이 파닉스에 대해 거부감을 느끼면 소용없습니다. 이 시기의 아이들은 자존심이 상하는 것을 싫어합니다. 다른 친구들은 어느 정도 글밥이 있는 영어 글을 읽고 문법을 공부하는데,

아직 기초가 부족하니 파닉스부터 해야 한다고 말하면 안 하고 싶어 합니다. 그렇지만 아이에게 무조건 파닉스를 강요할 수는 없습니다. 아이 스스로 문자언어에 치중한 학습보다는 문자언어와 음성언어가 적절히 균형을 이루는 학습이 필요하다고 느끼도록 해주어야 합니다. 그리고 적절한 방법을 함께 찾아 나서야 합니다.

이처럼 학년별로 지도법을 구분하기는 했지만 아이들마다 학업 성취도가 다르니 아이의 상황에 따라 방법을 달리하셔도 됩니다. 언어에 재능이 있는 아이들은 1학년이더라도 4학년 아이들처럼 공부할 수도 있고, 그렇지 않다면 굳이 남들과 같은 시간표를 강요해서는 안 됩니다. 가장 중요한 것은 내 아이의 시간표입니다. 파닉스를 시작하면서 소리언어와 문자언어 체계의 메커니즘을 이해하고, 아이 스스로 한 걸음씩 나아가도록 해야 합니다. 옆집 아이처럼 일정한 학년이 됐다고, 어느 단계의 레벨을 배워야 할 시기가 됐다고 다음 단계로 넘어가면 안 됩니다. 내 아이의 언어 습득 속도에 맞춰야 합니다. 그래야 영어 공부의 뿌리를 깊고 단단히 내릴 수 있습니다.

영어 공부,
국어 공부하듯 해도 될까?

"학교 다닐 때 영어는 못 했어요"라고 말씀하시는 학부모님들도 자녀가 영어를 잘하길 바랍니다. 10년이라는 짧지 않은 기간 동안 영어를 했는데도 영어만 생각하면 주눅이 든다는 분들이 많습니다. 지금 부모 세대와 달리 요즘 아이들은 영어 공부를 빨리 시작합니다. 그리고 부모님들의 학창시절에는 없었던 파닉스라는 것도 공부해야 한다고 합니다. 그리고 무엇보다 말이 되는 영어를 하도록 하고 싶은데, "어떻게 가르쳐야 할지 도무지 모르겠다"고 하소연하는 분들이 많습니다.

심지어 영어 전공자들이나 영어를 잘하는 학부모님들조차도 방향을 못 잡는 경우가 많습니다. 영어를 빨리 공부시켜야 할 것 같아서 아이를 영어유치원을 보냈는데, 중학생이 되어서는 의외로 영포자가 되어버리는 영유 출신들도 많습니다.

반대로 "영어를 너무 몰라서 기본에 충실했는데 성공했다"는 엄마표 영어로 성공한 분도 있습니다. 엄마표 영어로 자녀를 가르친 김은경 작가는 이렇게 말합니다.

"저는 영어를 잘 모르는 보통 엄마라서 온라인에서 유행하는 여러 학습법에 흔들리지 않고 기본을 택했습니다."

날마다 듣고 말하고 읽고 쓰는 기본 원칙을 지키고, 영어 학습에 앞서 모국어 학습에 충실한 것이 두 아이의 영어교육을 성공적으로 시킨 노하우였습니다.

영어교육 역시 기본에 충실하는 것이 좋습니다. 그런데 대한민국에서 영어 공부는 마치 어려운 수학 공식으로 문제를 푸는 것처럼 어렵게 느껴집니다. 많은 시간과 노력 그리고 돈을 쏟아부어도 영어를 잘하는 것이 쉽지 않고, 학교를 졸업하고 성인이 되어서도 살아생전 버킷 리스트로 '영어회화 잘하기'를 작성하는 분들이 많을 정도로 영어의 벽은 높아만 보입니다. 그러나 걱정하지 마십시오. 국어를 깨치듯 영어도 깨칠 수 있습니다.

가령 영어 발음을 잘하고 싶다면 어떻게 해야 할까요? 아이들이 우리말을 할 때 어떻게 입을 떼었는지를 생각해 보면 됩니다. 한 번에 정확한 발음을 구사하지 못했죠? 옹알이를 하고 사람들의 입을 보며 몇 번을 따라 말하다가 수도 없이 뱉어내면서 비로소 그 소리를 낼 수 있었습니다. 영어도 그렇게 하면 발음이 만들어집니다. 아이가 발음이 틀리더라도 잘한다고 격려해 주고 더 많이 소리를 뱉어보게 해야 합니다.

그리고 파닉스를 배우는 과정에서 내 아이와 옆집 아이를 비교할 필요는 없습니다. 내 아이와 옆집 아이의 DNA가 다르니 같은 시기에 같은 걸 할 수는 없습니다. 내 아이의 문자 학습역량과 성향을 보시고 판단하시면 됩니다.

저는 "영어를 잘하고 싶으면 어떻게 할까요?"라고 질문하시는 분들에게 "국어를 공부하듯 하면 된다"고 대답해 줍니다. 한글 책을 많이 읽으면 어휘력도 좋아지고 문장력도 좋아지며, 문해력도 길러집니다. 영어도 영어 책을 많이 읽어야 실력이 늡니다. 파닉스를 배우더라도 어휘력을 탄탄히 하려면 일상의 대화만으로는 한계가 있으니, 책을 읽어야 합니다.

그런데 둘째나 셋째 아이에게 한글을 하나도 안 가르쳤는데 한글을 읽는 경우가 종종 있습니다. '서당개 삼 년이면 풍월을 읊는다'는 말이 있듯이 한글을 깨치는 첫째를 곁에서 지켜보며 둘째, 셋째가 한글을 저절로 익힐 수도 있습니다. 첫째를 가르치는 동안 둘째, 셋째도 오랜 시간 동안 소리와 글자에 노출되어서 곧잘 하는 것입니다.

아이들마다 처해지는 언어 환경이 다르므로 "이렇게 하면 됩니다"라고 말할 수는 없습니다. 이 책을 통해 말씀드리는 것들도 일반적인 이해를 돕고자 하는 것입니다. 내 아이를 위한 방법론은 내 아이에 맞게 찾으셔야 하는데, 너무 어렵게 생각하지 마시고 '우리 애가 처음 국어를 배울 때 어떻게 했지?'를 떠올리시면 됩니다.

영어는 국어를 공부하듯 하면 잘할 수 있는데, 운동을 하듯 하는 것도 좋습니다. 국어든 영어든 언어를 학습할 때는 운동을 하듯 하면 됩니다. 영어든 운동이든 몸이 기억해야 실력이 늡니다. 수영이나 자전거 타기는 아무리 이론을 배워도 몸을 이용해 직접 해보지 않으면 안 됩니다. 수영을 잘하는 방법을 아무리 이론으로 백 번을 들어도 물속에서 자신의 몸을 움직여야 비로소 감이 생깁니다. 영어 발음을 소리 내거나 글자를 읽는 것도 아이가 직접 해봐야 됩니다.

그리고 꾸준히 해야 합니다. 운동을 배우다 기초 단계에서 그만둔다면 처음부터 다시 시작해야 합니다. 그리고 운동을 계속하더라도 연습을 게을리하면 실력이 늘지 않듯이 영어도 꾸준히 해봐야 실력이 늡니다. 또 잘못된 방법으로 운동하면 부상이 따르듯이, 잘못된 방법으로 영어 발음을 하거나 글 읽기를 하게 되면 처음에는 잘되는 것 같지만 어느 순간 잘못된 영어를 하고 있다는 것을 발견하게 됩니다.

우리의 신체는 어느 부위를 주로 쓰느냐에 따라 발달합니다. 운동하는 부위에 따라 근육이 붙습니다. 영어 역시 문법 문제만 파고들면 문법 실력이 향상됩니다. 발음 교정을 많이 하면 발음은 좋아집니다. 그리고 말하기를 하지 않으면 말하기가 늘지 않습니다. 영어의 듣기,

말하기, 읽기, 쓰기 중 어느 영역을 많이 공부하느냐에 따라 결과가 달라집니다.

가랑비에 옷 젖듯 조금씩 자주 해야 합니다. 운동도 영어도 하루아침에 완성되지 않습니다. 날마다 영어를 조금이라도 공부하는 것이 좋지만 그럴 시간이 없다면 일주일에 한 번이라도 영어 책을 읽는 습관을 들이는 것이 좋습니다.

국어를 익히듯이 영어를 익히고, 운동을 하듯이 영어를 하면 됩니다.

서술형 시험이 강화된다고?
파닉스에 답이 있다!

초등학생 때 영어를 잘했던 아이들이 정작 중요한 시기인 고등학생이 되어서는 영포자가 되는 경우가 많습니다. 초등학교와 중·고등학교의 영어교육 과정은 다릅니다. 초등 과정에서는 말하기와 듣기 위주로 진행되다가 중고등 과정에서는 문법과 독해 위주로 수업을 하고 평가가 이루어집니다.

듣기와 말하기를 잘한다면 읽기와 쓰기도 잘하는 것이 정상입니다. 그런데 지금 대한민국의 초등학교 수업은 듣기와 말하기를 암기 위주로 익혀서 문제입니다. 언어를 암기 위주로 익히면 스스로 생각하고 표현해내는 언어적 사고를 하지 못합니다. 귀로 듣고 입으로 말하는 언어를 글로는 어떻게 표현해야 할지를 모르니 중학교에 가면 문제가 생기는 겁니다. 그래서 초등학교 5학년이 되면 지금까지 공부한 초등 영어 말고 중학교 입시 영어를 다시 해야 한다는 우스갯소리도 있습니다.

예나 지금이나 영어 공부를 하는 방식이 크게 달라지지 않은 것 같습니다. 우리가 영어를 배우던 중·고등학생 시절에는 교과에 나오는 단어와 문장들을 달달 외웠고, 요즘 아이들은 태블릿 PC나 컴퓨터 모니터를 바라보며 단어와 문장을 외우고 있습니다. 화려한 영상을 바라보며 영어를 공부하는 것만 다르지, 암기라는 기본 바탕은 다를 바 없습니다.

정신건강의학과 신의진 박사님은 "언어는 포괄적인 능력이기 때문에 암기만 한다고 해서 실력이 늘지 않는다"라고 했습니다. 문장을 만드는 규칙을 이해하고, 단어의 의미를 알아서 상황에 맞는 의사소통을 할 수 있어야 한다는 말입니다. 국어든 영어든 스스로 생각하며 듣고 말하고 읽고 써야 실력이 늡니다.

그런데 초등 과정과 중고등 과정이 달라진다는 점에만 주목해 "학습법을 바꿔야 한다", "갈아타야 한다"라고 말하면서 초등학교 5학년 때부터 학원에서 중학교 영어를 배우게 하는 분들도 있습니다. 게다가 최근에는 서술형 시험이 강화되는 쪽으로 입시 정책이 바뀌었는데, 서점에는 서술형 관련 교재가 넘쳐나고 학원들은 서술형 영어 수업을 한다고 난리입니다. 칼을 쓸 줄도 불을 다룰 줄도 모르는 아이에게 김치볶음밥을 요리하라고 강요하는 셈입니다. 뜨거운 감자로 떠오른 영어 서술형 시험에 대비하려면 어떻게 해야 할까요? 바로 파닉스에 답이 있습니다.

　얼마 전 아이들과 파닉스 수업을 할 때의 일입니다. 모음이 짝꿍으로 나오는 모음짝꿍을 공부할 때였습니다. 아이들이 교재를 펼치고 '몬스터는 나무 옆에 있습니다'라는 뜻의 영어문장을 보고 한 자 한 자 쓰기 시작하였습니다. '몬스터'와 '나무'의 영어단어는 배웠는데 '옆에'는 어떤 단어로 써야 할지를 몰라서 은비가 물었습니다.
　"선생님, '옆에'는 영어로 뭐예요?"
　"배운 단어로 바꿔 볼까? '옆에'와 비슷한 것은 뭐가 있지?"
　"근처에!"
　은비는 '근처에'를 뜻하는 'near'라는 단어를 생각해내고는 [니얼]이라고 발음하면서 씼습니다. 'nir', 'neer'라고 칠자가 좀 틀린 아이들도 있지만 스스로 단어와 단어를 연결하며 문장 하나를 완성했습니다. 설령 단어를 정확히 모르더라도 단어를 쪼개서 음가별로 쓰고 읽을 수 있으면 모르는 단어나 긴 단어가 나오더라도 당황하지 않게 됩니다. 이처럼 단어에 대한 두려움이 없으면 문장 쓰기에 자신감이 생깁니다. 스펠링이 틀릴 수도 있지만 여러 번 쓰다 보면 결국에는 완벽한 문장을 쓸 수 있습니다.
　최근 들어 서술형 시험이 강화되어 영어 글쓰기를 가르치는 학원이 크게 늘었는데, 단어를 잘 쓸 수 있으면 단어와 단어를 나열한 문장도 쉽게 쓸 수 있습니다. 결국 영어 글쓰기는 단어 쓰기부터 시작되는데, 단어 쓰기는 파닉스로 만들어집니다. 단어를 어렵지 않게 쓸 수 있는 아이들은 문장 역시 자신 있게 쓸 수 있습니다.

영어의 기본 기술인 듣기와 말하기, 읽기와 쓰기는 별개의 영역이 아니라 서로 유기적으로 연결되어 있습니다. 영어를 잘하기 위해서는 우선 영어 발음을 정확히 듣고 발음해야 합니다. 읽기와 쓰기의 바탕이 되는 낭독을 하려면 스스로 소리 내어 읽을 수 있어야 합니다. 처음 접하는 단어도 파닉스의 원칙에 따라 읽을 수 있으면 쓰기도 자연스레 해결됩니다. 영어로 문장을 쓰려면 자신의 생각을 영어로 표현해내야 합니다. 실제로 미국에서 생활하더라도 약 2천여 단어만 알면 의사소통을 하는 데 크게 문제없습니다. 파닉스로 단어를 듣고 말하고 읽고 쓰는 기본기를 익히고 문장의 5가지 기본 형태만 익히면, 2천여 단어를 사용해 충분히 영어 글쓰기를 할 수 있습니다. 파닉스로 영어의 기본기를 다지면 서술형 시험도 문제없을 것입니다.

제3부

파닉스 공부,
이렇게 시작하자

파닉스, 잘못 시작하면
영어인생 망친다

아이들은 빚는 대로 빚어진다는 말이 있습니다. 네모로 틀을 잡으면 네모가 되고 세모로 틀을 잡으면 세모가 됩니다. 아이들은 날마다 새로운 것을 보고 새로운 것을 배웁니다. 아무것도 없는 상태에서 새로운 질서를 잡아가는 것은 쉽습니다. 그러나 잘못된 방법이 익숙해지면 고치기 어렵습니다.

거의 모든 영어 교재는 'listen and repeat'를 강요합니다. 듣고 따라 말하기를 반복하라고 하는데, 특히 어린아이들은 음성언어가 발달되어서 잘 따라 말할 수 있습니다. 그림을 보고 그 이미지와 소리를 기계적으로 연결해 말하는 데 익숙해지면, 나중에 글자를 읽어야 할 때 생각해서 읽을 줄 모릅니다. 음성언어와 문자언어를 연결시킬 때는 생각하며 읽어야 하는데, 아이들은 주저 없이 쉬운 방법인 따라 말하기를 택하게 됩니다.

모든 학원이 그러는 것은 아니지만 처음 영어 파닉스 단계 수업을 시작하는 날에는 수업의 양이 상당이 많습니다. 아직 배우지 않은 알파벳들이 조합되는 단어를 읽어내기란 불가능합니다. 제대로 읽지도 못하는데 교재에는 단어와 문장들이 가득합니다. 가르치는 사람도 아이들이 그 글자들을 읽어내는 것을 기대하지 않는 것 같습니다. 읽지 못하고 알지 못하는 단어와 문장을 소리 듣고 따라 말하면서, 글자를 읽는 흉내만 내는 나쁜 습관을 기르기 시작합니다.

다음 수업에도 크게 달라지는 것은 없습니다. 오늘도 듣고 따라 말하면서 글자는 그저 장식에 불과한 정도로 여기게 됩니다. 한 달이 지나고 나면 읽기에 집중할까요? 여전히 듣고 따라 읽기가 계속되다 보니 파닉스 과정을 마쳐도 읽지 못하는 경우가 허다합니다.

그런데 이보다 더 큰 문제는 아이들 스스로 자신에게 나쁜 습관이 생긴 것도 깨닫지 못하는 것입니다. 문제점을 깨달으면 고치기라도 하겠지만 그렇지 않으니 영어 공부가 힘들어질 수밖에 없습니다.

공부를 잘하려면 습관과 태도를 잘 갖춰야 합니다. 쉬운 방법과 어려운 방법이 있다면 인간은 쉬운 방법을 택하게 됩니다. 잘못된 습관이라고 생각하지 않고 암기하는 학습 태도가 생기게 되면 나중에 고치기는 어렵습니다.

문자언어는 뇌에서 사고 과정을 거쳐야만 자기 것으로 만들 수 있습니다. 한 번 봐서는 기억에 남지 않고, 돌에 각인하듯 오랜 시간 생각의 조각칼을 사용해야 머릿속에 기억됩니다. 이러한 습관은 처음 영어를 시작하는 파닉스 시간부터 길러야 합니다. 생소한 문자언어를 단기기억에서 장기기억으로 넘기고, 이것을 자기 것으로 만드는 시스템을 갖추려면 생각하며 듣고 말하며 읽고 써야 합니다.

그런데 상당수의 학원들이 파닉스 과정에서 틀리게 읽거나 더듬더듬 읽으면 지적을 하고 야단을 칩니다. 그러면 아이들은 생각을 멈추고 빨리빨리 읽게 됩니다. 결국 암기에 의존하게 됩니다. 어린 시절에 기른 습관과 태도가 한 사람의 인생을 좌우하는 인생그릇을 만들 듯, 영어 공부를 처음 시작할 때 공부그릇을 잘 빚어줘야 합니다.

예를 들어, 한글 깨치기를 하면서 '나무', '바나나', '우산'과 같은 글자를 읽으려 할 때 아이는 단번에 어른처럼 읽지 못합니다. '나무'라는 글자를 보고 '니무'라고 읽을 수도 있고, '너무'라고 읽을 수도 있습니다. 그때 못 읽었다고 혼내지 말고 다시 읽어보자고 말하며 기다려주어야 합니다. 어른의 속도로 읽지 못하니 천천히 읽어도 기다려주어야 합니다. 그런데 학부모님들은 교재 음원의 속도대로 빠르게 읽기를 바라십니다. 잘못 읽고 틀리는 과정 없이는 글 읽기가 안 되는 법인데, 기다려주지 않고 욕심을 부리십니다. 아이는 천천히 읽으면 잘못되었다고 지적당하니, 글자를 보고 읽지 않고 단지 소리를 외워서 글 읽기를 흉내 내게 됩니다.

우리나라 최고의 대학인 서울대가 세계 대학순위에서 135위인 것은 암기 위주의 학습방식에서 벗어나지 못해서입니다. 아이가 틀리더라도 생각해서 읽도록 기다려야 합니다. 틀려도 "옳지! 옳지!"라며 격려해야 합니다. 글자를 한 번만 보고 정확하게 읽어내는 아이는 세상 어디에도 없습니다. 지금껏 우리를 옭아매던 암기에서 벗어나려면 파닉스를 시작하면서 생각하며 읽어내는 습관을 길러야 합니다.

배운 것만 읽고
안 배운 것은 못 읽는 아이들

파닉스는 소리가 글자가 되고, 글자가 소리가 되는 규칙을 배우는 것이기 때문에 파닉스 과정을 마치면 글을 읽을 수 있어야 합니다. 글을 못 읽는데 다음 과정으로 넘어가는 것은 의미 없는 일입니다. "파닉스를 마쳤어요"라고 말하는 아이들에게 정작 영어 책을 읽어 보라고 하면 못 읽는 경우가 많습니다. 책의 의미를 말해 보라는 것이 아니라 글자를 소리 내어 읽어보라고 해도 제대로 못 읽습니다. 파닉스 과정을 마쳤다고 하지만 파닉스 규칙대로 읽을 줄 모르는 것입니다.

그리고 "안 배운 단어들이라서 못 읽는다"고 말하는 경우도 허다합니다. 파닉스 과정은 마쳤는데 배우지 않은 단어라서 못 읽는다면 파닉스를 공부했다고 할 수 있을까요? 파닉스를 공부했다면 배운 단어든 안 배운 단어든 소리 내어 읽을 수 있어야 합니다. 한글 깨치기를 한 아이들은 처음 보는 단어도 읽을 수 있습니다. 마찬가지로 파닉스를 깨치면 처음 보는 영어단어도 읽을 수 있어야 합니다.

파닉스 과정을 마쳤다고 하는데도 왜 단어를 읽지 못하는 것일까요? 그 첫 번째 이유는 단어를 암기해 버려서 그런 것입니다. 이렇게 되면 모든 단어를 외워야만 그 단어를 읽을 수 있게 됩니다. 반면에 소리 내서 읽고 쓸 수 있는 법을 알면 처음 보는 단어도 읽고 쓸 수 있습니다.

중·고등학생은 분명 파닉스든 발음기호든 한 번쯤은 익혔을 텐데 단어를 제대로 못 읽는 경우가 많습니다. 단어를 못 읽으면 독해도 못 합니다. 생각보다 많은 학생들과 어른들이 배우지 않은 단어를 보면 입을 못 떼는 경우가 많습니다. 왜 그럴까요?

앞서 이야기한 생각하며 읽기를 하지 않는 것도 이유겠지만 영어를 익히는 우리의 태도에도 문제가 있기 때문입니다. 영어는 언어이기 때문에 많이 틀려봐야 실력이 느는 법입니다. 특히나 말하기의 경우 틀리게 말해 봐야 제대로 말할 수 있습니다. 그런데 우리 사회는 실수와 실패에 너무 인색합니다. 아이들이 영어를 익힐 때 잘못하거나 틀리더라도 혼내지 말아야 합니다.

언어 능력은 쓰는 만큼 늘게 됩니다. 단어를 틀리게 말하더라도 여러 번 말하다 보면 제대로 말하게 됩니다. 그런데 틀린 단어를 한 번에 교정하려는 방식의 학습 환경에서는 영어 공부가 제대로 될까요? 책이나 교재 안에서만 맴돌게 되는 형태의 공부가 되고 말 것입니다.

두 번째 이유는 파닉스 과정에서 너무 성급하게 문장 학습을 시작하기 때문입니다. 파닉스 과정은 아이의 뇌에 새로운 길을 내는 것입니다. 그 길은 음성언어에서 시작되고, 문자언어에서 끝납니다. 파닉스는 단거리 달리기가 아니라 시작부터 끝까지 페이스를 유지하며 달리는 마라톤과 같습니다. 페이스가 무너지지 않도록 속도를 유지하며 달려야 파닉스 과정을 마치는 결승선까지 닿을 수 있습니다. 파닉스 과정을 제대로 마치고 글을 잘 읽게 되면 책 읽기가 재미있어집니다. 반면에 아무리 재미있는 내용일지라도 단어 하나도 제대로 읽을 줄 모르면 재미가 없어지고 집중력도 급격히 떨어질 수밖에 없습니다.

한글을 겨우 뗀 아이들은 더듬더듬 겨우 읽습니다. 평소에 말하는 속도보다 글을 읽는 속도가 매우 느립니다. 하지만 걸음마를 겨우 뗀 아이에게 달리기를 해보라고 하면 할 수 없듯이, 읽는 속도가 향상될 때까지 기다려줘야 하지 않을까요? 아이들에게 [바나나]라는 단어를 처음 보여주고 읽으라고 하면 [브, 아, 느, 아, 느, 아]라고 읽습니다. 음성언어와 문자언어를 연결하는 속도가 느려서 그런 것입니다. 여러 번 읽다 보면 [바나나]라고 말하고 읽는 속도도 빨라집니다. 이처럼 실력이 향상되면 읽는 재미도 느끼게 됩니다. 그러니 많이 읽고 말하는 연습이 필요합니다. 파닉스 역시 많이 읽을수록 음성언어와 문자언어를 연결하는 속도가 빨라집니다. 단어를 빨리 읽게 되면 비로소 문장도 읽을 수 있습니다.

그렇습니다. 단어를 많이 읽어봐야 단어도 문장도 잘 읽을 수 있습니다. 단어 읽기가 제대로 안 된 상태에서 문장 읽기로 넘어가면 오히려 파닉스의 기본 원칙, 음성언어와 문자언어의 연결고리를 생각하며 듣고 말하며 읽고 쓰는 습관이 무너집니다. 단어 읽기는 집짓기의 기초공사와 같은데, 기초를 튼튼히 해야 무너지지 않습니다. 문장을 읽기 전에 파닉스를 이용한 단어 읽기부터 해야 합니다. 최소한 3년은 그렇게 해야 파닉스 공식이 뇌에 새겨지고, 긴 문장도 술술 읽을 수 있습니다.

참고로 단어를 외울 때 50개의 단어를 60분 동안 외우는 것이 효과적일까요? 아니면 똑같은 50개의 단어를 10분씩 6번으로 나눠서 여러 번 보는 것이 잘 외워질까요? 후자가 더 효과적입니다. 시간을 두고 머릿속에서 자꾸 끄집어내는 것이 좋습니다.

파닉스,
소리로 시작하라

영어울렁증, 해외에서 커피 한 잔이 마시고 싶어 매장에서 주문했는데 싱대빙이 자신의 말을 못 알아들어서 새해 목표로 영어회화를 세우는 사람들이 많습니다. 공교육만 따져도 최소 10년은 영어 공부를 하는데도 우리는 왜 영어회화가 안 될까요? 해외여행 중에 문장은커녕 단어 하나 제대로 말하지 못하면 더 위축됩니다. 많은 사람들이 단어는 머릿속으로 떠오르는데 입이 안 떨어진다고 합니다. 그 이유는 대한민국의 영어교육 때문입니다. 영어문장을 이루는 단어들 그리고 그 단어들을 이루는 알파벳 26개의 글자 소리를 단 한 번이라도 제대로 입 밖으로 뱉은 적이 없습니다.

발음기호로 영어를 읽은 세대에게 원어민 발음은 먼 나라 얘기였습니다. 'desk'라는 영어단어를 보고 우리말 발음의 [데스크]라고 읽게 되지, [desk]라는 무성음이 멋지게 들리는 원어민 발음을 하지는 않습니다. 모든 단어를 이렇게 영어 소리가 아니라 국어 소리로 발음해 왔습니다. 알파벳의 A부터 Z까지 제대로 소리 내어 읽어본 적이 없다 보니, 문장은커녕 단어를 말할 때도 발음을 잘하지 못합니다.

파닉스를 제대로 익히면 소리를 글자로 쓰고, 글자를 소리로 말할 수 있습니다. 영어 글자를 소리로 낼 때 영어 소리를 모른다면 자신이 알고 있는 국어 소리에 의존할 수밖에 없습니다. 국어 글자는 국어 소리와 연결해야 국어가 되고, 영어 글자는 영어 소리와 연결해야 영어로 의사소통할 수 있습니다. 그런데 우리는 영어 글자를 국어 소리로 연결해 읽어왔습니다. 우리는 모두 이런 식으로 영어를 배웠기 때문에 우리끼리는 [데스크]라고 발음해도 다 알아듣습니다. 그러나 영어권 나라에서는 의사소통이 안 됩니다. 왜냐하면 그들은 영어를 하고, 우리는 국어를 하기 때문입니다.

이러한 영어 발음이 쌓이고 쌓이면 교정하기 어려운 상황까지 이르게 되어, 결국 해외에서 꿀 먹은 벙어리가 되어버립니다. 틀린 발음이 습관처럼 굳어지면 자존심이 강해지는 사춘기 무렵에는 영어 말하기에 소극적일 수밖에 없습니다. 초등학교 고학년에 사춘기가 시작되면서, 자신을 남들과 비교하기 시작하고 부끄러움을 느끼니 발음에 자신 없으면 입을 열고 싶지 않게 됩니다.

우리 세대는 발음기호로 영어를 시작하고 문자언어에만 집중해서 그렇다 치고, 지금 우리 아이들은 어떨까요? 영어권 나라의 아이들은 태어나자마자 영어 옹알이를 거치고, 수많은 말들을 따라 하며 자연스레 음성언어를 익힌 채 파닉스를 합니다. 반면 우리나라 아이들은 대개 파닉스를 시작하고 나서야 영어 소리를 제대로 들어보게 됩니다.

영어의 시작인 파닉스를 할 때는 음성언어, 즉 소리부터 익혀야 합니다. 우리가 말할 때 사용하는 말 근육은 한국어에 맞게 발달되어 있습니다. 그러니 A부터 Z까지 입술과 혀의 위치를 잡으면서 발음하도록, 영어 소리를 제대로 내기 위해서는 말 근육을 풀어줘야 합니다. 알파벳 하나하나를 입 모양을 보고 따라 해야 합니다. 소리 발화는 10번보다 100번이 낫고, 100번보다 500번이 낫습니다.

많이 발음할수록 좋아지지만 어른들과 달리 아이들은 지겨워합니다. 아이들은 일단 재미있어야 흥미를 느낍니다. 재미있어야 힘든 줄도 모르고 영어를 발음할 수 있습니다. 그런 점에서 노래는 좋은 매개체입니다. 알파벳의 글자 하나하나를 노래를 통해 익히면 힘든 줄도 모르고 많이 연습하면서 영어 발음에 자신감을 가질 수 있습니다. 예를 들어, A라는 알파벳 발음 하나를 아이들이 익히 아는 '산토끼'라는 노래의 가사를 개사해 부르면 재미있게 익힐 수 있습니다.

파닉스 단계에서부터 음성언어를 먼저 잡아야 하는 두 번째 이유는, 초등학교 저학년 아이들의 경우 문자언어보다 음성언어가 발달

되기 때문입니다. 초등학교 저학년 아이들은 가만히 안 있고 눈으로만 학습하는 것을 힘들어합니다. 큰 소리로 말해 보고, 또 친구들과 함께 소리를 내어보는 과정에서 재미도 느끼고 자신감을 갖게 됩니다. 교실에서 다른 아이들과 어울리며 틀려도 보고 크게 떠들어 보면, 영어 말하기에 자심감이 생깁니다.

실제로 앞서 소개한 노래를 부르며 발음하는 연습을 많이 해본 아이들과 그렇지 않은 아이들의 결과는 확연한 차이가 납니다. 먼저 낭독하는 소리의 크기가 다릅니다. 노래를 부르며 발음해 본 아이들은 맞든 틀리든 영어로 크게 답합니다. 많이 말하면서 실력이 좋아지고, 실력이 좋아지니 영어 말하기에 자신감이 붙고 행복해합니다.

이러한 이유로 파닉스를 시작할 때는 음성언어부터 익히는 것이 바람직합니다. 자신 있게 많이 말해야 실력이 느니, 숨죽이고 공부하는 영어가 아니라 거침없이 말하는 영어가 필요합니다.

많이 말하면서
몸이 기억하게 하라

한국인들이 해외에서 영어를 하면 웅얼거린다는 말을 많이 듣습니다. 반대로 영어권 사람들은 한국어를 발음할 때 과하게 입을 벌리며 말합니다. 영어와 달리 한국어는 입술언어로 입을 크게 벌리지 않아도 말할 수 있습니다. 그런데 영어는 입속 공간이 만들어내는 소리를 내야 해서 입을 크게 벌리지 않으면 발음이 안 됩니다.

우리말을 발음할 때 혀와 입술과 입 주변의 근육만 쓰는 것과 달리 영어를 발음할 때는 약 100개의 근육을 움직여야 합니다. 평소에 쓰지 않는 세밀한 근육까지 움직여야 하니 발음이 힘들 수밖에 없습니다. 처음 영어 발음을 해보면 입이 얼얼하고 혀가 꼬일 것 같은 느낌이 들기도 합니다. 평소에 쓰지 않던 근육을 쓰니 처음 며칠은 입 주변이 얼얼해지기도 합니다. 영어 발음을 제대로 하기 위해서는 조금씩 조금씩 그 근육들이 풀리고 만들어질 때까지 연습해야 합니다. 발음은 많이 할수록 좋아집니다. 그러니 발음 연습을 열심히 하도록 아이들에게 달콤한 동기부여를 해야 합니다.

아이들이 좀 못하더라도 지적하지 마시기 바랍니다. 아이들을 주눅 들게 하지 말고, 오히려 잘하고 있다고 칭찬해 주어야 합니다. 칭찬은 고래도 춤추게 한다지 않습니까. 판소리에서 창하는 사람 옆에서 추임새를 넣어주는 고수처럼 "잘한다", "얼쑤"라고 해줘야 신이 나서 하게 됩니다. 발음을 많이 할수록 자연스럽게 몸이 기억하게 됩니다.

말을 많이 하면 발음이 좋아지고, 듣기 능력도 향상됩니다. 단어를 여러 번 따라 말하다 보면 나중에 그 단어를 들으면 귀에 또렷이 들리게 됩니다. 듣기 능력이 향상되면 발음 역시 더 좋아집니다. 듣기와 말하기는 서로 짝을 이루고 있어서 하나의 실력이 좋아지면 다른 하나의 실력도 좋아집니다.

제 주위에는 많이 말하고 많이 듣는 형태의 파닉스 수업을 하는 선생님들이 많으십니다. 선생님에게 들은 이야기들을 소개하겠습니다.

영어 말하기에 유독 자신 없는 정은이가 있었습니다. 이 아이에게 여러 방법을 시도했지만 잘되지 않았습니다. 그러던 어느 날 파닉스 수업에서 학생들과 음가(발음 기관의 기초적 조건에 의한 작용으로 생기는

성음 현상)를 소리 내보는 연습을 하고 나서야 정은이는 영어 말하기에 대한 두려움이 사라졌습니다. 문장은 결국 단어들이 연결된 것이고, 그 단어들은 음소들이 연결된 것입니다. 영어의 가장 작은 단위인 알파벳 소리들을 정확하게 발음하게 됨으로써 단어는 물론 문장을 말하는 데도 자신감을 갖게 된 것입니다.

또 다른 사례도 소개하겠습니다. 하루는 파닉스의 마지막 단계인 슈와사운드를 배우는 날이었습니다. 'doctor'라는 단어를 보면서 아이들은 한 글자씩 스스로 읽어나갔습니다. [ㄷ, ㅏ, ㅌ]라고 읽은 아이들은 마지막 모음 글자를 어떻게 읽어야 할지를 놓고 갑론을박을 펼쳤습니다. 자기들끼리 지금까지 배운 발음들을 생각해내서 이것도 해보고 저것도 해보다가 만장일치로 "이건 슈와사운드니까 [얼]이라고 소리 내는 게 맞다!"고 하는 겁니다.

또, 외국에서 오래 살다 아서 발음에 자신 있는 선생님의 사례입니다. 이 선생님은 스스로 영어를 잘한다고 생각했는데, 아이들과 파닉스 수업을 하면서 자신의 발음을 교정하게 되었습니다. 영어로 의사소통하는 데는 전혀 문제없었지만 자신도 미처 몰랐던 몇 가지 잘못된 발음을 정확히 교정했다고 합니다. 유난히 안 되는 발음은 장모음 [ee/ea] 소리와 단모음 [i] 소리였습니다. 이와 관련된 단어는 'sheep'과 'ship'입니다. 한국인의 특성상 입을 크게 벌리지 않고 말하다 보니 입을 크게 움직이지 않고 내뱉는 발음은 특별한 주의를 기울이지 않으면 교정되기 어렵습니다.

'ship'은 평소 한국어의 [이]처럼 발음해도 됩니다. 그런데 'sheep'은 장모음으로 우리말의 [이]를 발음할 때보다는 입을 양옆으로 쭉 당겨주면서 [이~]라고 발음해야 합니다. 평소에는 'sheep'을 'ship'처럼 말했는데 이 문제를 개선할 방법을 찾지 못했습니다. 다행히 아이들과 함께한 파닉스 수업에서 해답을 찾은 것입니다. 파닉스가 처음 영어를 시작하는 왕초보뿐 아니라 숙련자에게도 필요하다는 점을 일깨우는 사례입니다.

또 다른 선생님은 대학 시절에 영어 소리가 잘 안 들려서 한동안 이어폰을 끼고 영어 방송만 들었다고 합니다. 심지어 청력의 20%를 잃어가면서도 한동안 들었는데, 영어 소리는 여전히 잘 들리지 않았습니다. 그런데 파닉스 수업을 두어 달 듣고 나서야 어느 날 갑자기 지하철의 안내방송이 제대로 들려서 눈물이 났다고 합니다.

이처럼 파닉스 수업을 하면서 많은 소리를 뱉어 보고, 여러 번 듣고, 발음을 교정해 나가면서 내 몸의 근육들이 영어 발음을 하도록 만들어야 합니다. 머리가 아니라 몸이 기억하는 영어를 해야 합니다.

낭독으로 파닉스를
자연스럽게 익히게 하라

| 낭독 없이는 이해도 없다

어린아이들은 책을 소리 내지 않고 읽고 나면 무슨 내용인지 모르는 경우가 많습니다. 그런데 소리 내서 읽고 나면 내용까지 이해하게 됩니다. 이것은 어른도 마찬가지입니다. 어른도 어려운 문장을 보면 나도 모르게 중얼거리게 됩니다. 낭독은 글을 이해하는 데 필요한 좋은 수단입니다. 눈으로만 봤을 때는 들어오지 않던 단어들이 소리 내서 읽게 되면 비로소 이해됩니다.

글의 내용이 어려운 문장을 낭독할 때는 한 번에 읽기보다는 세 번 정도 소리 내서 읽는 것이 좋습니다. 처음에는 소리 내서 글자를 정확히 읽느라고 글의 내용을 정확히 이해하지 못할 수 있습니다. 소리 내서 두 번째 읽을 때는 이미 읽은 정확한 글자들이 빠르게 눈에 들어오면서 단어와 단어를 연결해 의미를 파악해서 글의 내용을 이해할 수 있습니다. 그리고 세 번째 읽을 때는 속독으로도 글의 내용을 완벽히 이해할 수 있습니다.

요즘 아이들의 수학 실력이 예전 같지 않다고 합니다. 주된 이유가 문제를 이해하지 못하기 때문이라고 하는데, 이럴 때도 낭독을 시키면 됩니다. 초등학생인 제 아이에게도 어려운 수학 문제를 풀 때는 소리 내서 세 번 읽으라고 합니다. 그러면 혼자서도 척척 풀어냅니다. 지금도 저는 이해되지 않는 문장을 만나면 저도 모르게 소리 내서 읽습니다. 처음 문자언어를 습득하는 단계에서 읽기 실력을 향상시키려면 낭독이 필요합니다. 파닉스 단계에서부터 낭독하는 습관을 길러야 합니다.

| 낭독은 메타인지

파닉스를 하면서 글자조합을 할 때도 반드시 낭독해야 합니다. 속으로 백 번 읽는 것보다 낭독으로 한 번 읽는 것이 학습효과가 큽니다. '백문이 불여일견'과 같은 이치입니다. 소리 내서 읽으면 내 귀는 그 소리를 듣고, 머릿속에서 뇌가 빠르게 움직이며 내가 읽은 소리가 옳은지 그른지를 판단하게 됩니다. 귀로 소리를 듣고, 눈으로 글자를 보고, 뇌로 생각해서 말로 뱉어냄과 동시에 다시 뇌를 움직이며 그것이 옳고 그른지를 판단합니다. 스스로 메타인지를 하게 되는 것입니다.

메타인지는 자신이 무엇을 알고 있는지 모르는지를 인지하는 것입니다. 모든 학습의 기본이 되는 메타인지는 문자언어를 학습할 때도 활용할 수 있습니다. 상위권 학생들의 공통점은 이 메타인지를 기반으로 학습을 하고, 하위권 학생들은 배운 내용을 알고 있다고 착각하면서 진도를 나갑니다. 모든 학습은 누가 가르쳐주거나 교정해 주는 것보다 자기 스스로 깨닫고 고쳐나갈 때 가장 강렬하고 오래 기억하게 됩니다.

낭독은 메타인지와 관련된 활동입니다. 눈으로만 읽게 되면 눈과 뇌만 움직이지만, 낭독하면 눈과 귀와 입 그리고 뇌 등 여러 신체기관이 협업하므로 집중력도 좋아집니다. 눈으로만 읽을 때는 딴짓을 하게 되지만 낭독할 때는 집중하지 않으면 틀리게 말할 수 있어서 집중력을 발휘해야 합니다. 문자언어를 배우는 순간부터 낭독은 필수입니다. 파닉스를 하면서 글을 읽을 때도 그렇고, 파닉스 과정을 마친 이후에 문장을 읽을 때도 낭독해야 합니다.

| 낭독은 언어 학습의 필수코스

낭독을 하면 글 읽는 속도가 빨라지게 됩니다. 한글 깨치기를 하는 경우에도 아이들은 더듬더듬 모든 소리를 입 밖으로 뱉으면서 글자를 깨칩니다. 한석봉의 어머니 역시 아들에게 책을 소리 내어 읽게 했습니다. 영어를 모국어로 학습하든 외국어로 학습하든 음성언어와 문자언어를 빨리 깨치도록 돕는 것은 낭독입니다. 제 아이도 국어와 영어의 글자를 익힐 때 낭독을 필수로 했습니다.

언어의 4가지 기본 활동 중에서 듣기와 말하기, 읽기 등 세 가지가 낭독으로 해결됩니다. 이 세 가지가 되면 쓰기는 자연히 따라오게 마련입니다.

제가 학창시절 국어시간에 낭독을 반드시 시켰습니다. 반 전체가 동시에 낭독하기도 하고, 분단별로 하기도 하고, 한 친구가 대표로 일어나서 낭독하기도 했습니다. 모두가 조용히 눈으로 읽을 때는 자꾸만 딴생각이 드는데, 낭독하며 읽다 보면 좀 더 집중할 수 있었습니다. 지금도 이때 낭독한 몇몇 문장이 기억에 남을 정도입니다.

| 낭독은 지름길

자녀가 초등학교에서 중학교로 진학할 때 영어 공부를 어떻게 시켜야 할지 고민하시는 분들이 많습니다. 듣기와 말하기 위주로 진행되던 초등 영어 수업이 독해와 쓰기 위주로 진행되면서 아이는 입을 닫고 공부를 합니다. 문법도 공부해야 하고, 읽어야 할 독해 지문도 더 늘어나고, 쓰기도 준비해야 하는 등 공부할 것이 너무 많아서 말하면서 공부할 시간이 없기 때문입니다. 그래서 정작 중요한 낭독을 하지 않게 됩니다.

앞서 말씀드린 것처럼 낭독은 메타인지 활동입니다. 낭독을 하면 시간이 좀 더 걸리는 것 같지만 사실은 가장 빠르고 정확하게 내용을 이해할 수 있습니다. 낭독을 통해 문법도 독해도 실력을 키울 수 있습니다.

한글 간판 읽듯,
리딩 패키지를 만들어라

파닉스 과정은 소리언어와 문자언어의 연결 공식을 이해하는 것
입니다. 그런데 파닉스 과정을 마치면 파닉스를 더 이상 하지 않아도
된다고 생각하는 분들이 많습니다. 하지만 파닉스 과정을 마쳐도 파
닉스 공식을 활용할 줄 알아야 합니다.

파닉스 공식을 이해했다면 그것을 적용할 수 있도록 만드는 숙성
기간이 필요합니다. 더욱이 문자언어는 음성언어에 비해 그것을 익
히는 데 시간이 오래 걸립니다. 파닉스 과정을 마친 이후에 너무 성
급하게 긴 문장으로 쓰여진 책을 읽으면 안 됩니다. 이제 막 단어 읽
기가 가능한데, 무리해서 문장까지 읽게 하면 영어에 대한 흥미가
급격히 떨어질 수 있습니다. 그러니 단어들의 덩어리인 문장까지 술

술 읽을 때까지 기다려야 합니다. 숙성의 시간이 절대적으로 필요합니다.

우리 아이들이 한글 깨치기를 할 때도 글자를 익히고 나서 주변에 보이는 단어들을 읽어내기까지 숙성의 시간이 필요합니다. 글자를 익힌 후 1년가량은 차를 타고 갈 때나 걸어갈 때 아이는 눈에 보이는 모든 글자를 읽으려고 합니다. 아이들은 호기심이 많아서 같은 길을 지나가면서 만나는 간판을 어제도 읽고 오늘도 읽고 내일도 읽습니다. 똑같은 글자를 어제는 못 읽었는데 오늘은 읽게 되면 뛸 듯이 기뻐하며 간판 읽기에 더 박차를 가하게 됩니다. 반복해서 읽으니 비로소 제대로 읽게 된 것입니다.

이러한 간판 읽기의 방법을 책을 읽거나 교재를 볼 때도 적용할 수 있습니다. 매번 새로운 책을 읽으며 많은 글을 보면 실력이 향상될 것 같지만, 한 권의 책이라도 반복해서 읽는 것이 오히려 그 성과가 훨씬 좋습니다. 이는 바로 최상위권의 공부비법입니다. 간판이든 동화책이든 아이가 싫어하지만 않는다면 반복해 읽는 것이 바람직합니다.

한글을 익히는 것처럼 영어도 간판 읽기로 익히면 좋을 텐데요. 안타깝게도 우리는 영어를 외국어로 공부하는지라 우리 주위에는 영어 간판이 많지는 않습니다. 그래서 간판 읽기와 비슷한 효과를 기대할 수 있는 연습이 필요합니다.

집 안에 있는 아무 영어 책이나 끄집어내서 아이가 배운 수준의 단어들은 짚으면서 읽어보기를 할 수도 있습니다. 글밥이 많은 책을 읽는 경우 책 속의 단어들을 모두 읽는 것은 무리이니 책에서 10개 정도 찾아서 읽어보는 것이 좋습니다. 또 초등이나 중등 영어단어장을 활용해 아이만의 리딩 패키지를 만드는 것도 좋습니다. 눈에 보이는 모든 영어 글자를 읽어보도록 게임해 보는 것도 좋습니다.

저는 어릴 적 학교에서 집까지 걸어서 10분 정도 되는 거리에 살았습니다. 그냥 걸어가면 지루하기만 한 그 길을 언니와 함께 걸으며 '모범운전자택시'라는 일반택시와 차별화된 택시를 찾는 게임을 했습니다. 먼저 찾으면 "모범운전자택시"를 외치며 걷다 보면 어느새 집에 도착했습니다. 그때 저는 언니와 경쟁하듯 눈 씻고 열심히 찾았습니다. 굉장히 빠른 속도로 말해야 하니 발음도 빨라졌습니다. 또박또박 말하지 않으면 인정해 주지 않았기에 발음도 좋아졌습니다.

우리나라는 영어권 국가는 아니지만 생각보다 주위에 영어 글자가 많습니다. 아이와 외출할 때 주변에 숨어 있는 영어 글자를 찾아서 읽기 놀이를 해보시죠. 저는 학부모님에게 이런 제안을 많이 하는데, "저는 발음이 안 좋은데 아이에게 읽어줘도 괜찮을까요?"라고 우려하시는 분들이 종종 있습니다. 괜찮습니다. 혹여 틀리게 읽어주더라도 안 읽어주는 것보다 낫습니다. 부모님의 발음만 듣게 되는 상황에 처한다면 틀린 발음이 학습되겠지만, 아이는 부모님 말고도 여기저기서 많은 영어 소리를 듣게 됩니다. 그러니 크게 걱정하지 않으셔도 됩니다.

　단어 읽기 또는 책 읽기 과정에서는 발음을 얼마나 정확히 하느냐 보다는 문자언어를 습득하는 데 호기심을 가지도록 하는 쪽에 중점이 두어야 합니다. 그러니 부모님의 발음 실력이 부족하더라도 괜찮습니다. 어떻게 발음해야 할지 잘 모르더라도 아이와 함께 정답을 찾아가려 하면, 아이는 부모님이 자신에게 관심을 보이고 무언가를 같이 해나간다는 것만으로도 즐거워합니다. 부모님이 똑똑해야 아이가 똑똑해지는 것은 아닙니다. 알아도 모르는 척, 몰라도 모르는 척해서 아이 스스로 클 수 있도록 해야 오히려 더 잘 클 수 있습니다.

학습총량의 법칙과
열정총량의 법칙

　고무줄을 팽팽하게 당기기만 하면 언젠가는 끊어집니다. 자기 능력 이상으로 한 가지 일에 몰두하다 보면 번아웃이 오게 됩니다. 그러면 정신적, 신체적 피로감으로 무기력해지지요. 오랫동안 학생들을 지도해 보면서 아이들도 어른들처럼 번아웃이 온다는 것을 알게 되었습니다. 어른들은 자신에게 번아웃이 왔다는 것을 스스로 느낄 수 있습니다. 그럴 때 휴식이나 취미활동 등으로 조절하기도 하지만, 아이들은 이런 경험이 전혀 없다 보니 자신에게 번아웃이 왔는지도 미처 모르고 알더라도 그것을 해결할 방법을 잘 모릅니다. 정작 중요한 시기에 번아웃이 오면 그동안 애써 공부한 보람도 잃게 되겠지요.
　초등학교에 입학하면 아이들은 영어, 수학을 비롯해 한자, 피아노, 미술, 태권도 등 여러 가지 방과 후 활동으로 바빠집니다. 방교 후 활동뿐 아니라 쉴 틈도 없이 바로 다음 학원으로 뛰어가는 아이들을 보면 남의 일 같지 않아서 안쓰럽기도 합니다. 예체능 과목도 그러하겠지만 특히나 영어를 공부할 때도 시간적, 정신적 여유가 필요합니다.

그런데 초등학교 저학년 아이들은 친구들이 하는 것을 보면 따라 하고 싶어 합니다. 피아노만 하다가 바이올린을 하는 친구를 보면 부러워서 피아노에 바이올린을 추가합니다. 아이에게 힘들지 않겠냐고 물어보면 "괜찮다!"고 말합니다. 그러나 정작 아이는 어느 정도로 해야 잘하는 것인지, 괜찮은지를 모릅니다. 아이들은 괜찮다고 말하지만 안 괜찮은 경우가 많습니다. 초등학생은 아직 자기 조절 능력이 부족하므로 부모님의 도움이 필요합니다.

20살 전까지 성장하는 동안에 공부에 온 힘을 다할 수 있는 총량이 있습니다. 초등학교 1학년부터 시작해서 고등학교 3학년까지 공부해야 하는데, 아이들은 약 2년의 기간 동안만 공부에 열정을 불태우는 경향이 있습니다. 만약 초등학교 1학년인 아이가 최선을 다해서 공부하게 되면 초등학교 3학년 이후에는 그만큼 할 수 없습니다. 공부에 지치게 마련입니다. 이후에 그만큼 열심히 할 수 있는 힘이 생기지 않습니다.

초등학교 저학년이든 중학생이든 얼마만큼의 양을 해내느냐가 관건이 아닙니다. 자신의 최대치를 쏟고 나면 2년 후엔 번아웃이 오게 됩니다. 만약 고등학생이 되기 전에 번아웃이 오게 되면 우리나라 입시 현실에서 가장 중요한 고등학교 3년을 허송세월로 보내게 됩니다. 그러니 처음 영어를 시작하는 파닉스 단계부터 즐기면서 천천히 하는 것이 좋습니다.

질량총량의 법칙은 반응하는 물질의 총량과 반응 후 물질의 총량이 같다는 것입니다. 신기하게도 이 질량총량의 법칙은 공부와 관련된 열정총량의 법칙에도 적용됩니다. 초등학교 1학년 때부터 고등학교 3학년 때까지 학창시절 12년 동안 자신의 최대치를 끌어내어 학습하는 기간이 단 2년에 불과해서 '학습총량의 법칙'이라고도 합니다. 초등 저학년이 감당해야 할 교과과정의 학습량은 사실 그리 많지는 않습니다. 그런데 그 얼마 안 되는 양을 초과해 선행학습이라는 이름으로 초등 고학년 과정, 심지어 중학교 과정까지 억지로 시키다 보면 힘들어지고, 지쳐버립니다. 중학생이 되기 전에 번아웃이 올 수도 있습니다.

그렇다면 초등 저학년에게는 영어를 얼마나 공부시켜야 할까요? 하루에 알파벳 3개 정도의 대소문자를 익히고, 소리까지 연습하면 어른의 시선으로는 파닉스 학습량이 얼마 안 된다고 생각할 겁니다. 하지만 이 나이대 아이들의 생각주머니는 그리 크지 않고 소화할 수 있는 학습량도 상당히 적습니다. 아이가 처음 파닉스를 배우기 시작할 때 생각보다 학습량이 적은 것 같다고 생각하시면 안 됩니다. 학습량을 과하게 늘리면 얼마 가지 않아 영어에 흥미를 잃을 수 있습니다.

은별이는 파닉스 규칙을 적용해 소리 내어 읽는 것도 힘들어하던 아이였습니다. 그 아이는 또래들과 같은 반에서 수업하고 싶어 해서 자신의 실력보다 높은 레벨에서 공부하기 시작했습니다. 다른 친구들은 잘 읽고 글까지 잘 썼습니다. 반면에 은별이는 실력이 부족해 무자정 많이 외우게 되면서 점점 흥미를 잃게 되었습니다. 이 아이에게 번아웃이 오는 것을 막기 위해 다른 반으로 옮기도록 했습니다. 파닉스의 기초부터 차근차근 익히게 했고 머지않아 또래 친구들과 비슷한 수준까지 실력이 향상되었습니다. 지금은 또래 친구들과 같은 반에서 공부하고 있습니다.

"어릴 때 공부 잘하던 옆집 아이나 놀면서 공부하던 우리 아이나 비슷한 대학을 가서 만나더라"는 우스갯소리가 있습니다. 저학년 아이들은 부모님이 하라는 대로 말을 잘 듣습니다. 아이는 자신의 힘든 정도를 어떻게 표현해야 하는지도 몰라서 그냥 그렇게 시간이 흘러갑니다. 번아웃을 맞닥뜨리면 공부를 그만두게 되는 상황까지 치닫게 됩니다. 학습총량의 법칙이 정작 중요한 고등학생 시기에 발휘되도록, 파닉스를 시작하는 저학년 시기에는 즐겁게 공부하게 해야 합니다.

음가-단어-문장 순으로 익혀라

앞서 단기속성으로 이루어지는 파닉스 수업은 한꺼번에 음가와 단어, 문장을 배우므로 아이들로 하여금 암기하게 하는 습관, 글자를 보지도 읽지도 않게 하는 학습습관을 만들게 합니다. 이러한 수업을 마치면 기억에 남아 있는 단어와 문장은 별로 없고, 시간낭비만 하게 됩니다.

초등학교 1학년 이후부터 시작해야 하는 대한민국 파닉스 학습은 이렇게 해야 합니다. 처음 두어 달은 알파벳 26개 글자와 음가만 배워야 합니다. 낱글자와 가장 기본이 되는 음가만 학습하고, 단어와 문장은 학습하지 말아야 합니다. 다만, 배운 음가들을 조합해 단어를 만들어볼 때는 예외입니다.

음가 학습을 마친 다음에는 단어를 학습해야 합니다. 이 단계에서도 새로운 음가를 학습해야 하고, 학년에 따라서 단어 학습 기간을 1~3개월 하는 것이 좋으며, 블랜딩(각 글자가 나타내는 소리를 부드럽게 이어서 발음하는 것) 연습을 많이 하고, 단어가 충분히 발음되면 마지막 단계인 문장 학습으로 넘어갑니다. 문장 학습 단계에서도 새로운 음가를 배워야 하고, 새로운 단어도 익히고 문장도 학습합니다. 이 시기가 되면 파닉스의 주요 음가들을 모두 하습하고, 주어진 모든 단어와 문장을 읽을 수 있습니다.

그렇지만 파닉스 과정을 마쳤다고 해서 단어 읽기를 소홀히 해서는 안 됩니다. 단어들이 모인 것이 문장이므로 단어 읽기를 꾸준히 해야 문장도 빠르고 정확히 읽을 수 있습니다. 따라서 단어를 제대로 학습한 이후에야 문장 학습을 시작해야 합니다. 영어단어를 제대로 읽으려면 음질, 깅세, 슈와사운드를 일아아 합니다.

▶파닉스 발음 QR코드

| 음절

음절은 한 번에 소리 낼 수 있는 소리마디입니다. 한국어는 음절소

리인데, 한국어 말소리와 영어 말소리의 단위가 달라서 많은 아이들이 헷갈려 합니다.

'desk'라는 단어는 몇 음절일까요? 우리말 표현으로는 [데스크], 3음절이라고 할 수 있습니다. 그러나 영어의 발음은 이와 같지 않아서 1음절로 뱉어내야 합니다. 음절을 이해하면 단어를 쓸 때 소리의 덩어리인 음절대로 쓸 수 있습니다. 전화번호나 차량번호가 4자리로 끊기는 이유는, 우리가 문자를 인식할 때 한 번에 눈에 들어오는 문자의 수가 4자리 정도이기 때문입니다. 짧은 영어단어는 별문제가 없지만 긴 영어단어는 한눈에 들어오지 않습니다. 음절의 덩어리로 끊어 말하면서 쓰기를 해야 합니다. 그러면 단어 스펠링을 억지로 외울 일도 없고, 단어를 보고 바로 읽을 수 있게 됩니다.

또 다른 단어도 살펴볼까요? 'appreciation'이라는 단어는 5음절입니다. [엎, 프리, 쉬, 에이, 션]이라고 다섯 덩어리로 끊어 발음하면서, 'ap-pre-ci-a-tion'이라고 이어 붙여서 쓰면 단어를 금세 익힐 수 있고 스펠링도 정확히 쓸 수 있습니다.

참, 아이들에게 음절을 가르칠 때는 먼저 모음의 개수부터 확인하도록 해야 합니다. 'banana'는 모음이 몇 개인가요? a, a, a, 3개입니다. 그럼 3음절입니다.

'bake'는 모음이 몇 개인가요? 2개이지만 소리 나지 않는 마지막 e는 모음 역할을 하지 않으니까, 모음은 1개로 봐야 합니다. 따라서 1음절입니다.

'rain'은 모음이 몇 개인가요? 2개이지만 'ai'는 한 덩어리로 소리 나니까, 모음은 1개로 봅니다. 따라서 1음절입니다.

이러한 원리를 가르쳐주고 나서, 다양한 음절의 10개 정도의 단어를 예시로 알아보는 것이 좋습니다. 위와 같은 방법으로 음절 찾기를 하고 끊어서 읽어보도록 합니다. 영어권 나라에서는 어려서부터 영어 소리를 자주 들어서 아이들이 음절 구분을 잘합니다. 그러나 우리나라 아이들은 영어 소리를 자주 듣지 못해서 음절을 잘 구분하지 못합니다. 이렇게 원리를 가르쳐주면서 소리를 듣고 따라 읽는 것을 연습하면 단어 학습도 쉬워집니다. 음절 덩어리로 소리 내서 읽으면서 쓰면 되니까요. 음절을 구분하는 것이 어려우면 다음의 사이트를 참조하시기 바랍니다.

https://www.howmanysyllables.com/

| 강세

강세는 일하는 친구, 개미친구, 말하는 친구 등 다양하게 표현할 수 있을 것 같습니다. 영어단어 스펠링에서 a, e, I, o, u 등 다섯 개 모음 중에 하나를 힘줘서 말합니다.

1음절은 앞뒤로 어떤 소리도 없어서 그 자체로 강세를 줍니다. 2음절 이상의 단어에서는 두 덩어리의 모음 중에 한 덩어리는 세게 말하고, 또 한 덩어리는 약하게 발음합니다. 제가 중학교에서 처음 영어를 배울 때는 강세에 대해 연습했습니다. 영어단어에서 어디에 강세를 주어서 단어를 읽어야 할지 이해하기 힘들었습니다. 그래서 강세가 없는 우리말 단어에 강세를 넣어서 읽었습니다. '모나리자'라는 단어를 예로 들면, 각 단어의 한 음절씩 세게 소리 내서 읽으면서 강세의 개념을 이해했습니다. 우리말로 강세의 개념을 이해하면 영어의 강세를 이해하는 데 도움이 됩니다. 3음절 이상일 때는 1강세와 2강세가 있지만, 처음 강세를 배울 때는 가장 기준이 되는 1강세만 익히고, 나중에 확장하는 것이 좋습니다. 영어를 더 영어답게 해주는 강세는 슈와사운드도 함께 이해하면서 연습하기 바랍니다.

| 슈와사운드

한 단어에서 강하게 읽는 부분도 있으면 약하게 읽히는 부분도 반드시 있습니다. 모든 것을 강하게 읽는다면 강세는 의미 없을 겁니다. 세게 말하는 부분이 강세라면, 약하게 읽는 부분이 슈와사운드입니다. 슈와사운드는 노는 친구, 베짱이 친구, 말하지 않는 친구로 표현됩니다. 슈와사운드는 a, e, I, o, u 다섯 개 모음이 모두 [어]라는 힘 빼고 내는 소리로 발음됩니다. 강세의 모음들을 도드라져 보이기 위해 받쳐주는 소리로, 단어 사이의 앞뒤 소리들을 연결하는 역할을 합니다. 슈와사운드는 2음절의 단어에는 한 번은 꼭 나오니 꼭 알아야 합니다.

그런데 슈와사운드의 규칙대로 읽으면 a는 [애] 또는 [에이]로 읽어야 합니다. 그러면 파닉스의 기본 규칙이 무너지는 것 같아 많이들 헷갈려 합니다. 그렇지만 슈와사운드 또한 파닉스의 규칙이고 자주 쓰이므로 꼭 알아야 합니다. 그러니 2음절 이상의 단어에서 강세와 함께 나오는 슈와사운드를 연습해 봅시다. 예를 들어, 'banana'라는 단어는 모음이 3개로 3음절입니다. 똑같은 a가 세 개 있지만 소리가 다릅니다. 왜냐하면 강세가 있는 2음절에서는 단모음 [애]로 발음되고, 강세가 없고 슈와사운드가 있는 1음절과 3음절은 [어]라고 소리 내야 합니다. 따라서 [버내너]라고 읽어야 합니다.

지금까지 배운 파닉스 규칙들을 단어를 읽을 때 활용해야 합니다. 단어의 음절, 강세, 슈와사운드의 규칙을 적용해 읽어야 원어민처럼 정확하게 영어 발음을 할 수 있습니다 이러한 단어의 규칙을 이해했더라도 성급하게 문장 학습으로 넘어가면 안 됩니다. 단어 하나하나를 잘 익히고 다음 단계로 넘어가야 단어들의 집합인 문장을 쉽고 빠르게 읽을 수 있습니다.

교육 방법만 바꿔도
영어가 즐거워진다

공교육에서 파닉스를 교육한 지 10년이 채 안 되었지만 그동안 파닉스를 가르치는 학원이 많이 생겼습니다. 한국 공교육이 파닉스를 기반으로 영어를 시작하는 커리큘럼을 내놓은 것은 다행스러운 일입니다. 그리고 이제는 파닉스를 어떻게 하면 제대로 할 수 있을지 그 답을 찾아야 합니다. 대한민국의 현실에 맞게 영어를 생산적이고 효율적으로 공부할 수 있다면, 아이들이 좀 더 행복한 학창시절을 보낼 수 있을 것입니다.

영어 수업을 파닉스로 시작할 때 아이들이 좋아하는 수업이 되어야 합니다. 그렇다고 게임이나 이벤트에 치우치는 수업이 되어서는 안 됩니다. 그런 수업은 수업의 내용은 온데간데없이 사라지고 활동

자체에 매몰될 수 있기 때문입니다.

인간은 사유하는 동물입니다. 자신의 생각대로 말하고 실천해 보는 것을 좋아합니다. 다람쥐 쳇바퀴 돌 듯 달달 외워서 하는 영어, 시험을 위한 영어가 아니라 어디에서든 통하는 영어를 해야 합니다. 이제 암기식 공부는 더 이상 통하지 않습니다. 코로나 팬데믹 이후 우리 학생들은 많이 달라졌습니다. 교실 수업 대신 온라인 수업을 받는 동안 집중력과 인내심이 떨어졌는데, 그저 외우라고 강요하는 학습법은 더 이상 통하지 않습니다. 재미있는 것들이 넘치는 세상에서 자기 주장도 강해진 아이들을 재미없는 방식으로 책상에 앉혀 놓을 수는 없습니다.

더욱이 AI와 경쟁해 살아남으려면 이제는 스스로 생각하는 공부를 해야 합니다. AI와 경쟁해 이기려면 인간다운 면모, 자기만의 사고력과 판단력 등을 발휘해야 합니다. 파닉스 수업도 마찬가지입니다. 스스로 생각하며 듣고 말하며 읽고 쓰는 식으로 해야 합니다.

파닉스를 시작하는 초등학교 저학년 아이들은 수다스럽습니다. 그 에너지가 어디서 오는지 하루 종일 웃고 떠들 수 있습니다. 오히려 영어는 많이 말해야 실력이 느는 법이니, 아이들의 그런 성향은 파닉스를 익히는 데 제격입니다.

아이들은 오감으로 학습합니다. 아이들한테 움직이지 말고 가만히 있으라고 하면 1분도 가만히 있지 못합니다. 아이들은 손으로 만져 보고, 몸으로 표현해 보며, 눈으로 보고, 귀로 들으면서 온몸으로 배

웁니다. 아이들의 이런 성향을 고려해 파닉스를 온몸으로 익히도록
해야 합니다.

　대한민국 파닉스 수업은 아이들이 좋아하는 수업이 되어야 합니
다. 그리고 생각하는 수업이 되어야 합니다. 또 어른의 눈높이로 파
닉스를 수업해서는 안 되고, 아이들이 따라올 수 있는 속도와 수준으
로 수업해야 합니다. 제4부에서는 실제로 제가 수업하는 파닉스 수
업을 예로 들어 소개하겠습니다.

파닉스 수업에 적극적으로 참여하는 아이들의 모습

제4부

원어민처럼 영어가 되는

파닉스 공식

기본 사운드:
A-Z까지 기본 사운드를 익혀라

    침묵이 금이라는 둥, 밥상머리에서 말하면 안 된다는 둥, 우리는 어려서부터 입 다물고 살라는 말을 자주 들어왔습니다. 그런데 영어는 말을 많이 해야 늘 수밖에 없습니다. 더욱이 알파벳을 단 한 번도 제대로 발음해 본 적이 없으면서 잘 말하기를 기대하는 것은, 감나무 밑에서 감이 떨어지길 바라는 것은 아닐까요? 가장 중요한 기본 알파벳 26글자의 이름과 소리만 제대로 발음할 수 있어도 영어 말하기의 기본은 갖출 수 있습니다. 실제로 발음이 좋지 않은 영어 강사들도 파닉스 수업을 하고 나서 발음이 좋아졌다고 말합니다.

    알파벳 26글자는 모음이 5개(a, e, i, o, u)이고 나머지는 21개의 자음으로 이루어져 있습니다. 21개의 자음 중 w와 y는 자음과 모음 두 가지로 쓰입니다. 그리고 c와 g는 자음과 모음 두 가지 소리를 가집니다. 그래서 알파벳 26개의 문자로 약 44개의 음소를 만듭니다. 44개의 소리는 하나의 알파벳이 하나의 소리를 내기도 하고, th, sh, ay, ou 등과 같이 철자 2개가 모여서 하나의 소리를 만들기도 하며, eau처럼 철자 3개가 하나의 소리를 만들기도 합니다. 모음의 소리들에 대해서는 제5부에서 자세히 알아보기로 하고 여기서는 자음의 letter sound, 글자 소리부터 알아보겠습니다.

자음은 알파벳 이름에서 그 소리가 묻어납니다. 알파벳 이름의 첫소리에 그 비밀이 있는지 끝소리에 있는지 천천히 알파벳 이름을 읽어보고 찾아보겠습니다. 그리고 최대한 이해를 돕기 위해 우리말로 영어 소리를 나타내 보려고 합니다.

읽는 요령은 우리말식으로 각 글자를 음절로 끊어서 소리 내면 안되고, 하나의 덩어리 소리처럼 한 호흡으로 이어서 소리 내야 합니다. 끊어서 소리 내지 말고 연결된 소리로 한 번에 훅 뱉어내야 합니다.

| 알파벳 26글자 중 자음 소리

A

B(비이) : ㅂ의 첫소리

C(씨이) : ㅆ/ㅋ의 첫소리

D(디이) : ㄷ의 첫소리

E

F(에프) : ㅍ의 끝소리(입술을 깨물고 '프'라고 발음하기)

G(쥐이) : ㅈ/ㄱ의 첫소리

H(에이취) : ㅎ의 끝소리

I

J(줴이) : ㅈ의 첫소리

K(케이) : ㅋ의 첫소리

L(에을) : ㄹ의 끝소리

M(에음) : ㅁ의 끝소리

N(에엔) : ㄴ의 끝소리

O

P(피이) : ㅍ의 첫소리

Q(큐우) : 쿼의 첫소리(알파벳 이름을 말한 상태의 끝소리에서 숨을 토해 수면서 발음하기)

R(아알) : ㄹ의 끝소리(마지막에 혀는 목구멍 가까이 두면서 '알'이라고 발음하기)

S(에쓰) : ㅆ의 끝소리

T(트이) : ㅌ의 첫소리

U

V(브이) : ㅂ의 첫소리(입술을 깨물고 '브'라고 발음하기)

W(더블유) : 워의 끝소리(알파벳 이름을 말한 상태의 끝소리에서 숨을 토해 주면서 발음하기)

X(에크스) : 크스의 끝소리

Y(와이) : 여의 끝소리(알파벳 이름을 말한 상태의 끝소리에서 숨을 토해 주면서 발음하기)

Z(즈이) : ㅈ의 첫소리

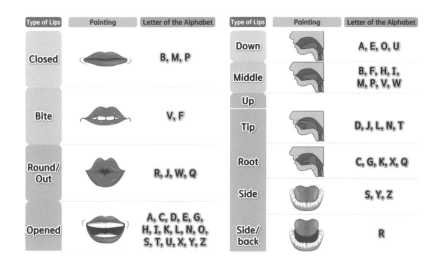

알파벳 26글자를 발음할 때의 입술과 혀의 모양

알파벳 이름만 정확하게 말할 수 있어도 영어 소리를 제대로 낼 수 있습니다. 알파벳 이름들을 우리말로 표기는 했지만 앞서 말한 것처럼 영어 소리는 코어에 힘을 주고 입술과 혀의 위치를 잡아 공간을 만들어서 풍선을 불듯이 훅 소리를 뱉어야 합니다. 아이들이 우리말을 배울 때도 소리로만 배우지 않고 입 모양을 보는 것처럼, 소리를 낼 때 영어 발화자의 입 모양 이미지나 영상을 보면서 연습하도록 합니다. 알파벳을 발음할 때는 약 100가지의 입 주변 근육을 만들어야 하는데, 많이 연습하면 할수록 발음이 정확해집니다. 거울을 보면서, 자신의 입 모양과 원어민의 입 모양을 비교해 보면서 따라 말하기 바랍니다.

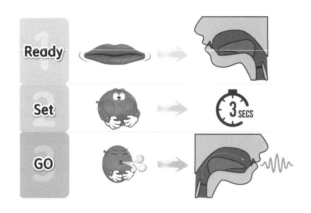

영어 소리는 코어에 힘을 주고 입술과 혀의 위치를 잡아 공간을 만들어서 풍선을 불듯이 훅 소리를 뱉어야 합니다.

처음 영어를 접하는 아이들에게는 하루에 알파벳 한 개만 익히도록 하는 것이 좋습니다. 한 글자씩 말하고 듣고, 읽고 쓰면서 요리조리 편하게 가지고 놀도록 해야 합니다. 알파벳은 순서대로 학습하지 않아도 됩니다. 아이가 관심을 보이는 글자부터 시작해 하루에 하나의 알파벳만 부담 없이 시작하도록 합니다. 다음 날에는 전날에 배운 것을 복습하고 새로운 알파벳을 한 개 더 배웁니다.

또 초등학교 2학년 아이들에게는 대문자와 소문자를 한 번에 익히는 것은 만만치 않습니다. 아이들은 소문자보다는 대문자를 쉽게 익히는데, 대문자를 먼저 소리와 연결해 익히고 나중에 소문자를 익혀도 됩니다.

그리고 초등학교 2학년 이전에는 소 근육이 덜 발달되어서 손가락으로 연필을 잡고 글자를 쓰기가 어렵습니다. 알파벳 쓰기를 할 때 공책에 꼭 써야 할 필요는 없습니다. 허공에 글씨를 쓰는 하늘 글씨도 쓰고 옆 친구 손바닥에도 써보는 것도 좋습니다. 다양한 방법으로 쓰기를 하고, 입 모양을 보며 말하고, 처음에는 듣는 것에 더 집중하는 것이 바람직합니다.

알파벳 26글자를 모두 익히고 나서 매일 알파벳 노래와 파닉스 노래를 번갈아가며 들려줘야 합니다. 알파벳 노래는 알파벳 이름으로 부르는 노래인데 "에이, 비, 씨, 디, 이, 에프" 등으로 발음되고, 파닉스 노래는 알파벳 소리로 부르는 노래인데 "애, 브, 크, 트, 에프" 등으로 발음됩니다.

아이들은 음성언어와 문자언어를 연결하는 것을 어려워합니다. 매일 한 글자씩 천천히 공부했으니까 충분히 기억할 거라고 생각하시겠지만 그래도 기억하지 못하는 글자들과 소리들이 있을 겁니다. 그러면 시력 검사를 하듯 알파벳 글자를 짚으면 단박에 알아맞힐 정도로 말할 수 있을 때까지, 알파벳 노래와 파닉스 노래를 매일 따라 불러야 합니다. 그렇게 해서 단기기억에서 장기기억으로 넘어가게 해야 합니다.

또는 일상에서 영어글자찾기를 숨은그림찾기를 하듯 할 수 있습니다. 동영상을 보거나 영어로 된 간판이나 책 등을 보다가 오늘 배운 알파벳 글자를 언제든 수시로 끄집어내도록 하는 것이 좋습니다. 아니면 규칙적으로 영어 노래를 불러도 좋습니다. 문자언어는 공부할 때 외에도 생활 속에서 자주 접하도록 하는 것이 좋습니다.

▶알파벳 노래 QR코드

▶파닉스 노래 QR코드

단모음/장모음-엄마소리 두 가지: 누적, 확인. 반복하라

　처음 영어를 접하는 아이들은 대문자, 소문자 또는 모음, 자음과 같은 용어들을 어려워합니다. 용어를 외우는 것보다는 영어 알파벳을 보고 읽는 것이 중요합니다. 용어 자체가 중요하지 않기 때문에 아이들이 이해할 수 있는 편한 말들로 대체해서 사용해도 좋습니다. 모음은 엄마글자, 자음은 아기글자라고 이해시키고 영어가 어느 정도 무르익으면, 모음과 자음이라는 용어를 이해하게 하면 됩니다. 대문자와 소문자도 형님글자와 동생글자라고 이해시키는 것이 좋겠습니다.

　앞서 배운 letter sound 중에 자음은 알파벳 이름과 소리가 바로 연결되므로 아이들이 비교적 쉽게 익힙니다. 반면에 단모음 소리는 알파벳 이름과 소리가 연결되지 않아서 전혀 다른 소리가 나서, 처음 영어를 접하는 아이들이 가장 힘들어합니다. 장모음은 소리 자체는 어렵지 않지만 하나의 알파벳이 두 가지 소리를 가지고 있어서 이 역시 힘든 것은 매한가지입니다. 단어에 알맞은 소리를 이해하기까지는 시간이 꽤 걸립니다.

모음 소리를 지도할 때는 몇 가지 요령이 있습니다. 단모음은 손동작으로 그 소리가 나는 입 모양이 연상되는 율동을 하게 하면 무작정 소리를 암기할 때보다 훨씬 잘 기억합니다. 자음 글자를 다 배우고 모음을 배울 필요는 없습니다. 자음과 모음을 섞어 배우면서 모음 글자를 배우자마자 그동안 배운 자음 글자와 조합할 수 있습니다. 배운 글자들을 바로 단어로 연결하면 글자를 읽는 재미와 보람을 느껴서 더 집중하게 됩니다. 이 글자가 실제로 있는 글자인지 없는 글자인지 신경 쓰지 마시고 만들어지는 대로 읽기 연습을 하는 것이 좋습니다.

단모음 5개는 따로 모아서 벽에 붙여두는 것이 좋습니다.

알파벳 26글자의 기본 letter sound 소리를 모두 익히고 장모음을 배우기 시작할 때는, 알파벳 26글자 중에서 엄마소리(모음) 찾기를 매일 해야 합니다. 엄마글자 중 단모음 5개는 따로 모아서 벽에 붙여 두는 것이 좋습니다. 문자 학습을 시작할 때는 집 안 곳곳에 글자들을 붙여주시면 좋습니다. 자주 보여서 눈에 익도록 해줍니다.

앞에서 알파벳을 하루에 한 개만 공부했던 것처럼 장모음도 하루에 한 개씩만 공부해서 아이가 그 글자를 가지고 놀 수 있도록 해야 합니다.

| 알파벳 26글자 중 단모음 소리

a(애)

e(에)

I(이)

o(아)

u(어)

모음 소리는 다른 소리와 달리 한 철자가 더 많은 소리를 가지고 있지만 처음 영어를 시작하는 아이들에게는 한 개의 철자에 한 개의 소리만 학습하도록 해야 합니다. 그래야 어려워하지 않습니다. 기본 음소들을 학습하고 나서 책 읽기를 시작할 시기가 되었을 때 다양한

글들을 통해 다른 소리들을 익히면 됩니다.

| 단모음 5개를 익히는 손동작

A

손을 쫙 펼치면 입을 가로세로로 크게 열게 됩니다. 입을 가로로 열었기 때문에 [에], 세로로 열었기 때문에 [아]라고 발음되는데, 그래서 두 소리가 동시에 빨리 나면 [에아], 즉 [애]가 됩니다.

E

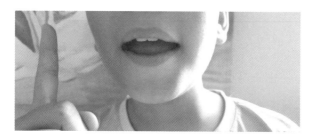

"네"라고 대답하듯 입을 연 상태를 유지하며 왼쪽에서 오른쪽으로 손가락을 쭉 그

어주듯 움직이는 동작이 필요합니다. 이렇게 발음하면 [에~]가 됩니다.

I

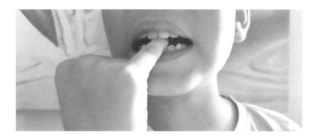

이를 붙이면 발음이 제대로 안 되므로, 알파벳 i 모양과 같은 새끼손가락을 이 사이에 끼우고 [이] 하고 소리 냅니다. 그러면 [이]와 [에]의 중간 소리가 납니다.

o

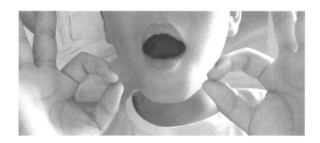

손가락으로 동그라미를 만들어서 놀란 표정을 지으면 턱이 내려갑니다. 놀란 토끼 눈과 같은 동그라미 모양의 손이 알파벳 O글자를 연상시키며 그 상태에서 [아] 하고 소리 납니다.

U

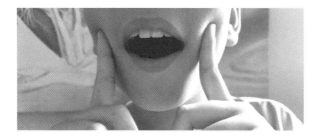

두 손으로 U자 모양을 만들어서 그대로 얼굴에 보조개를 찍듯 만들면 [어]라고 소리 납니다. 이 소리는 슈와사운드의 힘없는 [어]가 아니라 힘 있는 [어] 소리입니다.

| 장모음을 익히는 꿀팁

1단계 : 단모음 5개를 한 번 다 말하면시 쓰고 익히기

2단계 : 단모음 소리를 손동작과 함께 연습하기

3단계 : 장모음 배우기

앞서 자음을 읽은 것처럼 우리말식으로 각 글자를 음절로 끊어서 소리 내지 말고 한 음절처럼 천천히 소리를 이어붙이고 발음합니다. 연결된 소리로 한 번에 훅 뱉어야 합니다.

▶ 파닉스 발음 QR코드

| 장모음 소리

a_e(에이)

ee/ea(이이)

i_e(아이)

o_e(오으우/우)

u_e(유으우/유)

장모음은 알파벳 이름이 그대로 나는 소리입니다. 단어 끝에 'e'가 오면 알파벳 이름 그대로 소리가 난다고 해서 '매직'이라는 별명이 있기도 합니다. 예를 들어, cake, rose, tube, bike 등이 그러합니다. 장모음은 모음짝꿍과 한집안이라고 할 수 있는데, 이에 대해서는 뒤에서 소개하겠습니다. A, E, I, O는 하나의 소리만 나지만, U는 두 가지의 소리가 납니다.

대부분의 U는 [유으우]라고 소리가 납니다. 그런데 21개의 자음 중에서 입술을 내밀어서 내는 소리들인 L, J, R은 [우] 하고 소리가 납니다.

《Sound Doctor》3권 교재에서 장모음을 배우는 부분입니다. 이 교재의 반쪽을 접으면 단어의 끝의 'e'를 붙였다 뗐다 하면서 단모음과 장모음을 익힐 수 있습니다.

그리고 ee/ea를 학습할 때, 소리는 하나인데 철자는 두 가지로 표기되니 아이들이 늘 어려워합니다. 원어민 아이들은 책을 많이 읽으면서 이 문제를 해결하는데, 책 읽기를 게을리하는 원어민 아이들도 어려워합니다. 뇌 과학자 박문호 박사님은 "인간은 자신이 알고 있는 지식에 새로운 지식을 연결할 때 가장 빠른 학습이 된다"고 했습니다. ee/ea가 들어 있는 단어들은 암기로는 익히기 어렵습니다. 그래서 이해하기 쉽도록 예를 들어 주는 것이 좋습니다.

예를 들어, meat와 meet는 같은 소리인 [미이트]로 발음됩니다.

meat의 뜻은 고기입니다. 고기는 소고기와 돼지고기 등 종류가 많아서 내가 좋아하는 고기와 친구가 좋아하는 고기가 다를 수밖에 없습니다. 고기라는 뜻의 영어단어는 [미이트]라고 발음되는데, 우리가 좋아하는 고기가 서로 다르듯이 'ea'처럼 서로 다른 'e'와 'a'가 들어간 단어인 'meat'가 고기를 뜻한다고 생각하라고 하면 오래도록 기억할 수 있습니다.

그리고 '만나다'를 뜻하는 'meet'는 이렇게 설명해 주면 좋습니다. 나와 친구가 만날 때는 같은 장소와 같은 시간에 만나야만 서로 만날 수 있습니다. 'ee'처럼 'e'가 서로 만나는 단어인 'meet'가 '만나다'를 뜻한다고 생각하라고 하면 오래도록 기억할 수 있습니다. 이렇게 아이들의 눈높이에 맞게 설명해 주면 좋겠습니다.

그런데 장모음을 학습하기 전에 먼저 해야 할 것이 있습니다. 자음과 모음이 조합되는 기본 글자인 CVC(자음+모음+자음) 형태의 글자는 곧잘 읽어내야 합니다. 아이들이 CVC 글자를 보고 단박에 읽어내지는 못하겠지만 한 글자 한 글자 느리지만 글자들을 조합해서 읽어내고 장모음을 공부하기 시작해야 합니다. 기본 글자인 CVC 글자도 읽지 못하는데 장모음까지 익히면, 진도를 나가는 것이 힘들어지기 때문입니다. 밑 빠진 독에 물 붓기가 됩니다.

자음짝꿍:
짝꿍으로 나오는 자음을
하나의 소리로 내게 하라

영어권에서 이중글자(digraph)는 두 개의 글자가 합쳐져 하나의 소리를 내는 것입니다. 이중자음(consonant digraph)은 두 개의 자음이 합쳐져 하나의 소리를 내는 것입니다. 이중글자와 이중자음 등은 어른들도 이해하기 힘든 개념인데, 이 책에서는 아이들이 이해하기 쉽도록 이중자음(consonant digraph)을 '자음짝꿍'이라고 표현하겠습니다. 자음짝꿍은 두 개의 자음들이 연속으로 나와서 짝꿍을 이루어 하나의 소리를 내는 것입니다. 자음짝꿍은 다음과 같이 세 가지가 있습니다. 앞서 알파벳 26글자를 잘 익혔다면 자음짝꿍의 소리를 유추할 수 있습니다.

| 자음짝꿍의 세 가지

1. 두 개의 자음이 만나서 → 새로운 소리가 날 때(sh, ch, ph, th 등)

2. 두 개의 자음이 만나서 → 둘 다 소리를 낼 때(bl, br, cl, cr, fl, fr, gl, gr, pl, pr, sl,

   dr, tr, st, sc, sq, sp,sm, sn, sk, sw)

3. 두 개의 자음이 만나서 → 하나만 소리를 낼 때(kn, ng, wr, mb, ck 등)

앞서 알파벳의 기본 사운드를 배우면서 CVC나 CVCe를 읽는 것이 익숙해져서 곧잘 하다가 자음짝꿍을 시작하게 되면 글자 읽기에 어려움을 호소합니다. 심지어 안 하려고도 합니다. CVC나 CVCe는 글자의 형식이 규칙적이라서 익히기 쉽지만, 자음짝꿍은 철자 수가 3개이기도(fly) 하고 6개이기도(cheese) 해서 어렵게 느껴질 수 있기 때문입니다.

하지만 자음짝꿍을 자세히 살펴보면 규칙을 발견할 수 있습니다. 자음짝꿍으로 이루어진 단어의 글자 하나하나를 살펴보게 해서 파닉스의 규칙대로 또박또박 읽도록 해야 합니다. 눈으로만 읽게 하면 어려워할 것입니다. 연필을 들고 배운 파닉스 규칙대로 표시하면서 읽어나가면 어느새 자신감이 생기고 스스로 읽는 법을 터득하게 됩니다.

더불어, 단어쓰기를 할 때도 세심한 지도가 필요합니다. 이 책의 뒤에서 자세히 설명하겠지만, 처음 단어쓰기를 할 때는 잘못하면 공

든 탑이 무너질 수두 있기 때문입니다

▶파닉스 발음 QR코드

자음짝꿍1 : 두 개의 자음이 만나서 → 새로운 소리가 날 때(sh, ch, ph, th 등)

예) shine, chain, phone, this, mother

지도방법

알파벳 c와 h, 두 친구가 만났는데, 새로운 친구로 변신해서 소리를 냅니다. 어떤 소리가 날까요?

다른 자음짝꿍들과 달리 이 자음짝꿍은 두 개의 자음이 만나서 새로운 소리를 내는 경우이기 때문에 아이들이 소리를 익히는 것을 어려워할 수 있습니다. 무조건 외우게 하기보다는 그 개념에 대해 쉽게 이해시켜야 합니다. 아이들의 눈높이에 맞춰 이야기로 소개하는 게 좋겠습니다. 예를 들면, "알파벳 c와 h가 추운 겨울날에 만나서 감기에 걸려 [취] 하는 소리를 낸다"라고 알려주세요.

그러면 이야기와 함께 그 개념이 머릿속에 오래도록 남게 됩니다. 나머지 글자도 이야기로 만들어서 소개하는 게 좋겠습니다.

자음짝꿍2 : 두 개의 자음이 만나서 → 둘 다 소리를 낼 때(bl, br, cl, cr, fl, fr, gl, gr, pl, pr, sl, dr, tr, st, sc, sq, sp,sm, sn, sk, sw)

예) block, bride, clock, crane, flute, fruit, glass, grass, plum, press, slide dress, tree, stain

지도방법

p와 l, 두 친구가 만났는데, 두 친구가 손을 잡고 각자 소리를 냅니다. 그런데 그 소리가 마치 하나의 친구가 내는 소리처럼 하나의 소리 덩어리(음절)로 들립니다. 어떤 소리가 날까요?

그런데 이렇게만 말하면 아이들이 이해하기 힘듭니다. 두 개의 자음이 만나서 둘 다 소리가 나는 자음짝꿍들은 bl, br, cl, cr, fl, fr, gl, gr, pl, pr, sl, dr, tr, st, sc, sq, sp,sm, sn, sk, sw 등으로 매우 많습니다. 이것들을 일일이 학습하기보다는 다음과 같이 그 개념을 익히는 것이 좋습니다.

우선, 자음짝꿍에 나오는 알파벳 글자들(b, s, r, l, p)을 네모난 포스트잇에 씁니다. 그리고 스케치북이나 칠판에 알파벳 글자를 써놓은 포스트잇을 두 개 정도 붙일 수 있는 큰 네모를 그려줍니다. 그 안에 글자를 써놓은 포스트잇을 무작위로 두 개 붙여서 읽도록 합니다.

　중요한 것은 알파벳 두 친구가 만나서 둘 다 소리를 내지만 두 소리가 마치 하나의 소리 덩어리(음절)를 이루는 것처럼 소리를 낸다는 개념을 깨치도록 해야 합니다. 국어의 음절 소리에 익숙한 우리는 철자가 두 개 있으면 두 가지 소리를 각각 내야 한다고 생각하지만 영어의 소리는 한꺼번에 훅 뱉듯이 하나의 소리 덩어리, 한 음절로 내는 경우가 있습니다. 예를 들어, pl로 시작하는 단어는 [프을]이 아니라 [플]이라고 소리 내야 합니다.

자음짝꿍3 : 두 개의 자음이 만나서 → 하나만 소리를 낼 때(kn, ng, wr, mb, ck 등)

예) knife, king, thumb, kick

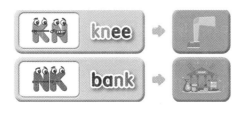

지도방법

k와 n, 두 친구가 만났
는데, 한 친구가 큰 소
리를 내자 다른 한 친
구가 조용히 합니다.

어떤 소리가 날까요? n이 큰 소리를 내자 k가 조용히 해서 n의 소리
만 들렸다는 식으로 이야기를 풀어 설명하면 쉽게 이해시킬 수 있습
니다.

모음짝꿍:
짝꿍으로 나오는 모음을
하나의 소리로 내게 하라

이중모음(diphthong)은 두 개의 이어지는 모음들이 하나의 모음으로 소리를 내는 것입니다. 이중모음, 즉 모음짝꿍을 모른다고 영어 글자를 못 읽지는 않습니다. 그러나 모음짝꿍을 잘 발음하면 좀 더 유창하게 영어 발음을 할 수 있습니다. 영어에서 모음은 단모음(short vowel), 장모음(long vowel) 그리고 모음짝꿍(vowel digraph) 등 3가지로 분류하거나 단모음과 이중모음 등 2가지로 분류합니다. 반면에 한국어에서 모음은 단모음, 장모음, 이중모음, 모음이중음자 등 네 가지로 분류합니다. 이 책에서는 짧게 나는 소리는 단모음, 길게 나는 소리는 장모음 그리고 모음이 두 개 이상 나오는 모음은 모음짝꿍으로 정리합니다.

자음은 알파벳 이름에서 소리가 또렷이 들리고 한 철자에 거의 한 가지 소리만 나서 모음에 비해 상대적으로 쉽게 학습할 수 있습니다. 반면 모음은 한 철자에 몇 가지의 소리가 나기도 하고, 두 개의 모음이 모여서 몇 가지의 소리가 나기도 해서 이해하기 어렵습니다. 모음 소리를 학습하는 것 자체가 어렵기도 하지만 모음짝꿍은 항상 모든 파닉스 과정에서 맨 마지막에 배우고, 배우는 데도 오래 걸립니다.

　미국에서도 파닉스를 학습한 이후에도 모음짝꿍을 2년 이상 1주일에 몇 회에 걸쳐 짧은 시간이라도 짚고 넘어갑니다. 반면에 우리는 영어를 모국어로 사용하지 않는데도 모음짝꿍을 턱없이 부족하게 공부하고 넘어갑니다. 그래서 모음짝꿍을 제대로 익히는 학생을 찾아보기 힘든 것 같습니다. 우리말을 공부하는 것에 비유하면 받침이 있는 어려운 글자들이 모음짝꿍에 해당합니다. 국어에서 이런 글자들은 문자학습이 어느 정도 이루어진 고학년이 되어서야 배웁니다. 여하튼 모음짝꿍은 원어민들도 어려워할 만큼 만만치 않으니 천천히 익혀야 하고, 익히고 나서도 꾸준히 반복학습을 해야 합니다.

| 모음짝꿍의 세 가지

1, 두 개의 모음이 만나서 → 새로운 소리가 날 때(oo, ew, au, aw 등)

2. 두 개의 모음이 만나서 → 둘 다 소리를 낼 때(oi, ow 등)

3. 두 개의 모음이 만나서 → 하나만 소리를 낼 때(ay, ai, ight, ie, oa, ow, ue, ui 등)

▶ 파닉스 발음 QR코드

모음짝꿍1 : 두 개의 모음이 만나서
→ 새로운 소리가 날 때(oo, ew, au, aw
  등)
예) moon, new, auto, awsome

모음짝꿍2 : 두 개의 모음이 만나서
→ 둘 다 소리를 낼 때(oi, ow 등)
예) coin, cow

모음짝꿍3 : 두 개의 모음이 만나서
→ 하나만 소리를 낼 때(ay, ai, igh, ie, oa, ow, ue, ui 등)

예) day, rain, pie, night, snow, boat, blue, juice

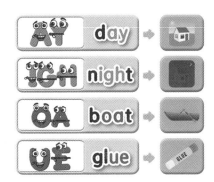

모음짝꿍과 장모음은 모음이라는 큰 틀 안에서 이해해야 합니다. 실제로 미국의 초등학교 2학년 교실에는 벽마다 아주 크게 다음의 표와 같이 모음짝꿍 표를 붙이고 1년 내내 아이들이 보면서 익히도록 합니다. 수학의 구구단을 외울 때처럼요. 그리고 3학년이 되어서도 받아쓰기를 통해 지속적으로 익히도록 합니다.

[모음짝꿍 표]

에이	아이	이이	오으우 / 우	유으우 / 유
a _ e ay ai	i _ e igh ie	ee ea	o _ e oa ow	u _ e ue ui oo ew

모음짝꿍을 익힌 다음에는 r-controlled sound에 대해서도 익혀야 합니다.

r-controlled sound

ar

or

ir/er/ur(이 세 가지 소리는 원어민들도 스펠링을 봐야 구분할 정도로 일상에서 구분하지 못하는데, 이런 소리가 있다는 것을 이해하고 넘어가는 것이 좋습니다.)

사이트 워드:
욕심 내지 말고, 눈으로 자주 익혀라

　사이트 워드(sight word)는 파닉스 규칙에 적용되지 않아서 통 글자로 익혀야 하거나 파닉스 규칙에는 적용되지만 자주 나와서 보자마자 말할 수 있어야 하는 단어를 말합니다. 파닉스를 가르치지 않았던 시절에도 공교육에서 'look-say word'로 다루었을 만큼 책 읽기를 시작하는 시기에 필수적으로 익혀야 하는 단어입니다. 아이들이 보는 동화책 글자의 반 이상이 사이트 워드입니다. 파닉스를 하면서 책 읽기를 시작하는 시기부터 단계별로 사이트 워드를 익혀야 합니다. 책 읽기를 하다 보면 힘겹게 파닉스 규칙을 적용하며 한 고개 한 고개 넘어갑니다. 이때 어린이 동화책의 절반 이상인 사이트 워드를 만나는 순간 그 단어들을 술술 읽게 되면 글 읽을 맛이 나게 됩니다. 우리나라에서는 일견어휘라고도 불리는 이 사이트 워드에는 두 가지가 있습니다.

1. 돌치 사이트 워드(Dolch Sight Words)

여러 교육기관에서 많이 사용하는 돌치 사이트 워드(Dolch Sight Words)는 에드워드 윌리엄 돌치(Edward William Dolch) 박사가 1930~1940년에 어린이 책을 분석해 가장 자주 나오는 315개 단어를 정리하여 만든 리스트입니다. 학년별 220단어와 95개의 명사까지 총 6단계로 학년별 학습이 이루어집니다. 원어민 아이들은 유치원 과정부터 시작해 3학년까지 학습하고 4학년 때는 명사를 따로 익히는 등 6년간 학습합니다.

▶파닉스 발음 QR코드

유치원에 들어가기 전에 익히는 40단어

a, and, away, big, blue, can, come, down, find, for, funny, go, help. here,

i, in, is, it, jump, little, look, make, my, my, not, one, play, red, run, said,

see, the, three, to, two, up, we, where, yellow, you

▶파닉스 발음 QR코드

유치원 때 익히는 52단어

all, am, are, at, ate, be, black, brown, but, came, did, do, eat, four, get, good, have, he, into, lie, must, new, no, now, on, our, out, please, pretty, ran, ride, saw, say, she, so, soon, that, there, they, this. too, under, want, was, well. went, what, white, who, will, with, yes

▶파닉스 발음 QR코드

1학년 때 익히는 41단어

after, again, an, any, as, ask, by, could, every, fly, from, give, going, hard, has, her, him, his, how, just, know, let, live, may, of, old. once, open, over, put, round, some. stop take, thank, them, then, think, walk, were, then

▶파닉스 발음 QR코드

2학년 때 익히는 46단어

always, around, because, been, before, best, both, buy, call, could, does, don't, fast, first, five, found, gave, goes, green, its, made, many, off, or, pull, read, right, sing, sit, sleep, tell, their, these, those upon, us, use, very, wash, which, why, wish, work, would, write, your

▶파닉스 발음 QR코드

3학년 때 익히는 41단어

about, better, bring, carry, clean, cut, done, draw, drink, eight, fall, far, full, got, grow, hold, hot, hurt, if, keep, kind, laugh light, long, much, myself, never, only, own, pick, seven, shall, show, six, small, start, ten, today, together, try, warm

▶ 파닉스 발음 QR코드

명사 95단어

apple, baby, back, ball, bear, bed, bell, bird, birthday, boat, box, boy, bread, brother, cake, car, cat, chair, chicken, children, Christmas, coat, corn, cow, day, dog, doll, door, duck, egg, eye, farm, farmer, father, feet, fire, fish, floor, flower, game, garden, girl, goodbye, grass, ground, hand, head, hill, home, horse, house, kitty, leg, letter, man, men, milk, money, morning, mother, name, nest, night, paper, party, picture, pig, rabbit rain, ring, robin, Santa Claus, school, seed, sheep, shoe, sister, snow, song, squirrel, stick, street, sun, table, thing, time, top, toy, tree, watch, water, way, wind, window, wood

2. 프라이 사이트 워드(Fry Sight Words)

프라이 사이트 워드(Fry Sight Words)는 에드워드 프라이(Edward Fry) 박사가 돌치 사이트 워드를 확장해서 총 1,000단어로 구성해 만든 자료입니다.

사이트 워드는 말 그대로 눈으로 보고 소리를 낼 수 있으면 됩니다. 사이트 워드는 틈나는 대로 구구단을 외우듯 연습하는 것이 좋습니다.

그런데 파닉스의 규칙대로 글을 익히는 아이들에게 "사이트 워드를 익힐 때는 파닉스의 규칙에서 벗어나서 통으로 글을 읽으라"고 하면 매우 혼란스러워 합니다. 처음에는 다소 힘들어해서 진도가 더딜 수 있습니다. 몇 번 보면 외울 거리고 기대하지 마세요. 며칠간 2~3개 정도의 단어를 아이가 따라올 수 있을 분량만큼 읽으면서 점점 개수를 늘리며 읽는 것이 좋습니다. 포스트잇에 적어서 냉장고에 붙여도 좋고, 매일 아침마다 그날 읽어야 할 사이트 워드 리스트를 반복해서 읽도록 하는 것도 좋습니다.

미국 유치원에 다니던 우리 아이가 약 80개의 사이트 워드를 1년간 연습하고 통과하던 날 뛸 듯이 기뻐했습니다. 책을 읽을 때마다 자기가 아는 사이트 워드가 나올 때마다 너무 좋아하던 아이의 모습이 떠오릅니다. 학년이 올라갈 때마다 학교에서 내주는 사이트 워드 리스트를 연습하고 해마다 통과하며 아이는 분명 어휘력이 크게 늘었습니다.

어순잡기:
우리말로 영어놀이하며
영어문장 패턴을 익혀라

외국인을 만날 때 우리 입이 떨어지지 않는 이유는 단어가 생각이 안 나서일까요? 아니면, 어떻게 말해야 할지, 즉 문장의 구조를 몰라서 그러는 걸까요? 아마 후자 때문일 것입니다. 어려운 말들은 그렇다 치고, 우리는 미국 초등학생 정도도 할 수 있는 쉬운 대화도 하기 어려워합니다. 문장 구조가 그리 복잡하지 않은데, 왜 말하지 못하는 것일까요? 우리는 학창시절에 영어 문법을 배우며 문장의 5형식에 대해 귀에 못이 박히도록 들어왔는데 말입니다.

영어단어는 2,000개만 알아도 영어권 나라에서 충분히 생활할 수 있습니다. 초등단어 1,000개 그리고 중등단어 1,000개 해서 2,000단어만 알면 됩니다.

실제로 우리가 일상에서 쓰는 단어들을 곰곰 생각해 보면 우리가 자주 쓰는 말들이 그리 어렵지 않다는 것을 알 수 있습니다. 아침에 일어나서 "잘 잤니?", "아침은 뭐 먹을까?", "밥, 계란, 시리얼, 빵?", "물 좀 주세요.", "우유 주세요.", "그러다 늦는다. 서둘러라!" 정도만 말할 수 있으면 됩니다. 파닉스를 하면서 열심히 영어 발음을 익히고 단어를 쉽게 발음할 수 있으면, 문장의 형식에 따라 말하는 연습이 필요합니다.

그런데 '영어 말하기'는 어렵게만 느껴집니다. 하지만 어렵게 생각하지 않아도 됩니다. 글쓰기와 말하기는 사실 그 이치가 같습니다. 뭔가를 대단히 잘 쓰려고 하면 더 안 써지고, 잘 말하려고 하면 더 입이 안 떨어집니다. 그냥 되든 말든 말해야 말이 늘고, 쓰다 보면 글쓰기도 늡니다. '일단 뱉어야겠다'고 생각하며 다음의 두 가지를 연습하면 됩니다.

먼저 우리말과 영어의 어순이 다르다는 것을 익히기 위해 아이들과 우리말 영어놀이를 해보시기 바랍니다. 예를 들어, 아이에게 "우리말로 '나는 사과를 좋아한다'는 영어로 어떻게 말해야 할까?"라고 물어봅니다. 영어 어순에 대해 잘 모르는 아이들의 대답은 제각각일 겁니다. 이런저런 생각들을 할 시간을 주고 이렇게 말해 줍니다.

"너희가 말한 영어를 우리말로 표현하면 '나는 좋아한다, 사과를' 이란다."

그러면 아이들은 평소에 말하는 방식과 좀 달라서 재미있다고 생각합니다. 그리고 자신이 좋아하는 과일을 말하라고 하면 이렇게 말합니다.

"나는 좋아한다, 바나나를", "나는 좋아한다, 복숭아를"

"이번에는 과일 말고 다른 것을 말해 볼까?"

그러면 "나는 좋아한다 고양이를", "나는 좋아한다, 아이스크림을"이라는 말들이 쏟아집니다.

아이들은 뇌를 자극하는 창의적인 활동을 할 때 오래도록 기억에 남게 됩니다. 이는 단순 암기와는 차원이 다릅니다. 아이들은 청개구리입니다. 하라는 것을 하기 싫어하고 하지 말라고 하는 것을 하고 싶어 합니다. 아이들의 이런 성향을 이용해 영어를 가지고 놀게 하면 영어문장에 대한 감각을 기를 수 있습니다.

우리말과 영어문장의 어순이 다르다는 것을 이해하면, 이번에는 어순을 좀 바꿔서 영어문장을 표현하게 하면 됩니다. 영어단어를 잘 모르더라도 영어문장에 우리말 단어를 섞어서 말해도 됩니다. "I like 사과" 또는 "I saw a big 구름"이라고 말해도 됩니다. 사실 이러한 문장은 다국어를 구사하는 사람들이 종종 사용하기도 합니다. 어차피 우리는 영어식 문장 구조를 익히는 것이 목적이니, 영어단어를 모르더라도 문제 삼지 않는 것이 좋습니다.

이렇게 영어놀이를 하고 나면 아이들은 영어에 재미를 느끼고, 마구 말을 쏟아냅니다. 이때 틀리더라도 "잘한다"고 칭찬해 주면, 더 많이 말하려고 합니다. 쓰기 전에 말하기가 되어야 합니다. 쓰기보다 말하기가 쉬운데, 말을 많이 하면 쓰기는 따라옵니다. 틀렸다고 지적하지만 않으면 됩니다.

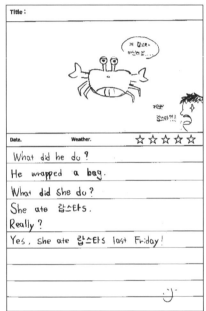

아이들이 쓴 영어 일기입니다. '수육'과 '랍스터' 등 어려운 단어는 한글로 썼는데, 이때 틀렸다고 지적하지 말고 영어의 문장 구조를 잘 갖추었는지만 확인하시면 됩니다.

'파닉스를 공부하면서 굳이 문장 구조까지 익힐 필요는 없지 않느냐'고 생각할 수도 있습니다. 물론 파닉스를 익히고 문자도 학습하면 글을 읽고 바로 이해할 수 있습니다. 그러나 우리나라처럼 영어를 외국어로 배우는 환경에서는 파닉스의 규칙만 이해하고 글을 읽으면 문장의 의미를 정확히 이해하기 힘듭니다. 글이 이해되지 않아서 재미없고 겉도는 학습이 됩니다.

그래서 파닉스를 제대로 가르치는 선생님들은 파닉스 과정의 마지막 단계에서는 본격적으로 아이들로 하여금 교재나 책을 읽으면서 문장으로 이루어진 글들을 접하게 합니다. 문장의 구조를 정확히 익히도록 하기 위해서입니다.

지금까지 우리가 알던 파닉스는 원어민 아이들이 학습한 것을 그대로 가져온 것이 많았습니다. 이와는 달리 대한민국 파닉스는 영어 소리의 발성과 발음부터 시작해 파닉스의 규칙을 제대로 깨치고, 영어문장을 정확히 익히는 것으로 마무리되어야 합니다. 그리고 아이들이 즐겁게 공부할 수 있도록, 문장에 대한 이해를 돕는 우리말 영어놀이를 해야 합니다.

블랜딩:
배우자마자 모든 글자를 읽어내는
마법의 블랜딩

소리언어를 제대로 익히지 않고 문자언어만 익히던 옛날에는 우리 말보 영어 글자의 소리를 섞어놓고 읽었습니다. 부성음도 제대로 표현하지 못하고 영어 음절도 무시하면서 한국어를 발음하는 소리로 영어를 읽었습니다. 하지만 영어 글자는 영어 소리로 읽을 수 있어야 합니다. 파닉스를 공부하기 시작하면서 소리언어와 기본글자를 익혔다면, 각 글자가 나타내는 소리를 부드럽게 이어서 발음하는 블랜딩을 해야 합니다.

아이들에게 알파벳 26개 글자를 모두 배우고 나서 단어를 익히게 하면 지겨워합니다. 반면에 알파벳을 배우면서 알파벳들을 조합해 단어 만들기를 하면 재미와 보람을 느낍니다. 아이들은 배운 알파벳 글자들을 엮어서 블랜딩을 하면 처음 보는 단어도 스스로 읽으며 성취감을 맛보고, 영어에 자신감이 생깁니다. 따라서 블랜딩은 알파벳을 모두 익히고 하는 것보다 알파벳을 배우는 동시에 하는 것이 좋습니다.

무엇이든 첫걸음을 떼는 것은 쉽지 않습니다. 아이들에게 글자를 조합하게 하면 어렵게만 느낍니다. 어른들도 글자를 처음 뗀 순간이 있었을 테지만 아주 오래전 일이라 아이들이 얼마나 힘들게 글자를 깨치는지 가늠하기 어렵습니다. 하지만 아이들의 눈높이에서 생각해 봅시다.

이제 막 소리언어와 문자언어를 익히고 그 둘을 이어 붙여야 합니다. 하나의 낱글자를 보고 그것에 맞는 소리를 불러내는 것과 동시에 또 다른 낱글자를 보고 그 소리를 불러내어 이 둘을 연결해야 합니다. 아이들은 글자 하나하나를 조합해서 답답해 미칠 만큼 느리게 읽지만 그것은 아이들이 최선을 다해서 읽을 수 있는 속도입니다.

한글의 자음과 모음을 익히고 처음으로 글자를 조합하기 위해 '나비'라는 단어를 읽는다고 합시다. 한 개의 낱글자를 읽는 데 1초 정도 걸린다고 치면 'ㄴ, ㅏ, ㅂ, ㅣ' 등 4개의 낱글자를 읽는 데 최소 4초 이상이 걸립니다. 너무 느린가요? 이보다 더 오래 걸릴 수도 있습니다. 그리고 한 번에 글자를 읽어내지 못하고 [느, 아, 브, 이]라고 읽습니다. 그렇게 두어 번을 더 읽으면 비로소 [나비]라고 읽을 수 있습니다.

　한글 깨치기를 할 때와 마찬가지로 영어 역시 알파벳의 자음과 모음 등을 조합해 글자를 읽어야 합니다. 한글 깨치기를 할 때 느릿느릿 읽었던 것처럼 영어 깨치기를 할 때도 느리게 읽거나 한글보다 더 느리게 읽을 수도 있습니다.

　이 글자 읽기 과정을 기다려주어야 합니다. 아직 아이의 머릿속에는 글자를 조합해낸 기억이 전혀 없기 때문입니다. 아이가 친친히 낱글자들을 하나하나 엮어서 블랜딩을 할 수 있도록 파닉스 수업이 진행되어야 합니다. 그런데 대부분의 파닉스 교재는 단어의 음원을 들려줄 때 아이가 감당하기 힘든 빠른 속도로 들려줍니다. 평소 우리가 말하는 정도의 속도로 음원을 들려줍니다. 아직 문자언어가 낯설고 영어 블랜딩을 처음 하는 아이에게는 기차가 쌩하고 지나가는 듯한 빠르기의 속도입니다. 그러면 글자를 읽어야겠다는 생각도 하지 못한 채 소리만 듣고 외우게 됩니다.

　무엇을 하든 경험이 중요합니다. 여러 번 하다 보면 자연스레 익히게 됩니다. 수영은 발차기를 하고 팔을 저으며 호흡해야 하는데, 이러한 수영은 머리로 이해한다고 해서 할 수 있는 것이 아닙니다. 직접 해봐야 할 수 있습니다. 블랜딩도 설명을 듣는다고 해서 이해되는 것이 아니니 스스로 경험해 봐야 합니다. 글자를 보고 머릿속으로 자신이 익혔던 소리를 끄집어내서 다음 글자의 소리와 연결해 보는 경험이 그래서 필요한 것입니다.

아이 스스로 블랜딩을 해내는 경험을 하도록 해야 합니다. 파닉스 규칙을 배우고 글자를 조합할 때 아이가 따라올 수 있도록 낱글자를 하나하나 천천히 읽어주는 것이 무엇보다 중요합니다. 앞서 말씀드린 바와 같이 '나무'를 읽는다면 한 번에 읽히지 않습니다. 처음 한글을 깨칠 때 [느, 아, 므, 우]라고 천천히 읽는 것처럼 'pig'를 읽을 때도 [프, 이, 그]라고 낱글자 하나하나를 천천히 뱉어내도록 기다려야 합니다. [프, 이, 그]를 몇 번 읽고 나면 속도가 빨라져서 [피그]라고 발음하게 됩니다. 비로소 블랜딩을 하게 되는 것입니다.

아이들은 단어 몇 개를 읽고 나서 힘들어하기도 합니다. 우리 몸의 신체기관 중에 가장 많은 칼로리를 소모하는 것이 뇌라고 합니다. 태어나서 처음으로 문자를 읽기 위해 뇌를 썼으니 그럴 만도 합니다. 어른의 눈으로는 단어 몇 개를 읽었다고 저렇게나 힘들까 싶지만 아직 아이들의 생각주머니는 너무나 작습니다. 틀려도 "괜찮다"고 해주시고, 틀리게 읽어도 읽으려고 하는 태도를 칭찬해 주셔야 하고, "힘들다"고 하면 "그래, 정말 힘들겠구나" 하고 격려해 주셔야 합니다. 그러면서 "그래도 다시 해볼까?"라고 말해 주면 됩니다.

글자 읽기는 부모님이나 선생님이 해줄 수 없습니다. 아이 스스로 그 고비를 넘겨야 합니다. 길고 험한 고개를 스스로 넘어야 비로소 글자 조합을 해낼 수 있습니다. 그리고 결국 스스로 해내면 자신감이 생기고 읽기 속도도 빨라집니다.

쓰기의 정석:
소리대로 글자 쓰기

▶ 파닉스 발음 QR코드

대한민국에서 과거에 영어 공부를 사람들에게 apple, banana 능과 같은 단어를 불러주고 써보라고 하면 어떻게 쓸까요? [앱, 쁠], [버, 내, 너]라고 소리를 머릿속으로 생각하거나 입 밖으로 내면서 단어를 쓸까요? 아니면 [에이, 피, 피, 앨, 이] , [비, 에이, 엔, 에이, 엔, 에이]라고 스펠링을 말하면서 단어를 쓸까요? 소리 나는 대로 글을 쓰지 않고 대부분은 스펠링을 말하면서 단어를 씁니다. 그렇게 하면 실제로 나는 소리가 쉽게 연상되지 않아서 다시 소리 내서 읽는 과정을 거치고, 우리말로 해석하는 단계도 거치는 버릇이 생기게 됩니다. 평소 말할 때도 "Do you like apples?"이라고 하지, "Do you like [에이, 피, 피, 앨, 이, 에스]?"라고 말하지 않습니다. 단어를 쓸 때 소리 나는 대로 [앱쁠]이라고 못 쓰게 되면 소리언어와 문자언어가 연결되지 않고 단절됩니다.

처음 영어 글자를 배울 때는 읽고 쓰는 단계에서 기본기를 제대로 잡아줘야 합니다. 우리는 한글 깨치기를 할 때 간단한 자음과 모음을 배우고 글자를 읽기 시작합니다. 그리고 단어를 읽게 되면 단어를 써보기 시작합니다. '나비'라는 단어를 쓴다고 생각해 봅시다. 이제 막 한글을 배우는 아이들이 입을 다물고 소리 내지 않고 쓰면 틀리기 일쑤입니다. 지켜보시는 부모님은 지우개를 손에 쥐고 있다가, 틀린 글자를 지워주면서 낱소리를 불러주십니다. 예를 들어, 첫 글자 'ㄴ'이 틀렸다면 [느, 느, 느, 느]를 여러 번 말하고 아이에게 생각할 시간과 기회를 주며 다음으로 넘어갑니다.

국어처럼 영어도 알파벳의 글자를 배우고 소리와 문자를 연결해서 단어를 읽어야 합니다. 읽기가 가능해지면 쓰기를 시작합니다. 영어 글자를 쓸 때는 한글 받아쓰기를 하듯이 각 음소들의 소리를 불러주지는 않습니다. 실제로 많은 파닉스 수업에서 한글 받아쓰기를 할 때처럼 한 단어의 소리를 천천히 낱글자로 읽어주면서 가르치는 경우는 거의 없을 겁니다. 그런데 처음 글자 쓰기 연습을 하는데 이렇게 지도하지 않으면, 아이들은 생각을 멈추고 눈에 보이는 대로 외워서 쓰려고 합니다. [애, 앱, 쁘, 을]이라고 소리 나는 대로 낱소리들을 하나하나 떠올리며 쓰려 하지 않습니다.

문자언어를 뇌에 새기는 것은 어렵습니다. 문자언어를 아이의 뇌에 새기기 위해서는 일상에서 읽을 기회를 만들어주어야 합니다. 글자를 쓸 때도 스펠링대로 쓰는 대신 소리 나는 대로 쓰면 더 오래, 쉽게 단어를 기억할 수 있습니다. 그렇게 써 본 글자를 일상에서 말하거나 듣게 된다면 그것이 바로 단어 암기로 이어지는 것입니다.

우리 학생들이 가장 힘들어하는 것은 단어 암기입니다. 갈수록 단어의 길이가 길어지고, 외워야 할 개수도 많아지면 어떻게 외워야 할지 막막해서 포기해 버립니다. 특히 고등학교 과정에서 이런 현상이 종종 벌어집니다. 그리고 나서 대학교에 가고 사회생활을 하게 되면서 지금까지 배운 엉터리 발음의 영어는 모두 잊고 다시 듣고 말하는 영어를 배워야 합니다. 너무나 소모적인 일이 아닐 수 없습니다.

파닉스를 시작하고 처음 글자 쓰기를 할 때도 바른 습관을 들여야 합니다. 글자를 실제로 소리 나는 대로 써야 합니다. 소리 나는 대로 글자 쓰기는 단어에만 국한되지 않고 문장과 긴 글을 읽을 때도 해야 합니다. 예를 들어, 'I go to school'이라는 문장을 쓸 때도 소리 나는 대로 읽고 쓰는 기초 습관을 길러야 합니다. 우리 속담에 '밑 빠진 독에 물 붓는다'라는 말이 있는데, 기초가 튼튼하지 않으면 아무리 오래 공부해도 남는 것이 없게 됩니다. 파닉스 수업 역시 기초 습관을 잘 다져야 합니다.

읽기의 정석:
아이에게 충분한 시간과 기회를 줘라

　우리는 교포 2세나 3세를 보면 당연히 한국어를 할 수 있을 거라고 생각합니다. 영어권 나라에서 살지만 한국인 부모님들과 살고 있으니 밖에서는 영어를 하고 집에서는 한국어를 사용할 거라고 생각하는 것입니다. 그런데 다국어를 유창하게 구사하는 경우가 신기할 만큼 거의 없습니다. 듣는 것은 어느 정도 알아듣는데, 말하기를 못하는 경우가 많습니다. 말하기가 안 되니 쓰기와 읽기도 잘 안 됩니다.

　저는 미국에서 살고 있는데 아이가 어려서부터 한국어를 가르쳐주고 싶었습니다. 아이에게 한국어를 가르쳐주기 위해 가장 노력한 것이 책 읽기였습니다. 간단한 생활국어로 의사소통은 가능했지만 읽기가 전혀 안 되다 보니 시간이 갈수록 말수도 줄고 나중에는 한국어로 기본적인 의사소통도 못 하게 되었습니다. 한국에 간 때마다 큰 가방 안에 아이가 재미있어할 만한 책들을 사다 나르느라고 바빴습니다.

저는 왜 힘들게 책을 사 왔을까요? 활자를 눈에 담아 읽어내지 않으면 머지않아 소리언어를 잊어버리기 때문입니다. 소리언어를 잊어버리면 문자언어도 희미해지고 결국엔 언어 능력이 모두 사라지고 맙니다. 듣기와 말하기, 읽기와 쓰기 등 4가지 영역 중에서 어느 것 하나 소홀히 할 수 없지만 4가지 중에서 마지막으로 마스터해야 할 읽기와 쓰기를 못 하면 듣기와 말하기도 잊어버리게 됩니다.

실제로 초등학교 저학년 때 미국으로 이민 와서 성장한 학생들의 경우 이민 올 당시에 한국어 책을 얼마나 많이 읽었느냐에 따라 한국어를 잘하기도 하고 못 하기도 합니다. 태어나서부터 초등학교 저학년 때까지 약 10년 정도 한국어를 모국어로 사용했지만 더 이상 한국어를 듣고 말하거나 읽고 쓰지 않으면 한국어를 못 하게 됩니다. 그러한 문제를 막아주는 것이 문자언어를 담아낸 책을 읽는 것입니다.

그런데 책 읽기도 파닉스도 누가 대신해 줄 수 있는 것이 아닙니다. 스스로 글을 읽을 줄 알아야 합니다. 파닉스 공식을 익혀서 각각의 글자를 조합하는 블랜딩은 아이 스스로 해야 합니다. 단어를 많이 읽어서 글 읽는 속도를 높이는 것도 아이 스스로 해야 합니다. 국어와 다른 영어문장의 어순을 이해하고 문장을 나열해 보는 것도 아이 스스로 해야 합니다.

　사실 언어 능력을 키우는 방법은 간단합니다. 아이 스스로 능력을 키워야 하고, 부모는 아이가 스스로 성장할 때까지 충분한 시간과 기회를 주어야 합니다. 아이가 느리게 성장한다고 해서 다그치면 안 됩니다. 틀려보기도 하면서 스스로 탐구하다 보면 언젠가는 분명 잘할 수 있습니다.

제5부

파닉스 공부의
끝은 없다

특명!
홈런북을 찾아라

    파닉스 과정에서는 소리와 글자의 규칙을 이해하고 알아갑니다. 언어를 익혔다고 해서 온전히 내 것이 되는 것은 아닙니다. 인제든 입 밖으로 끄집어낼 수 있어야 합니다. 파닉스 과정에서 소리언어와 문자언어를 연결할 수 있게 되었다면, 파닉스 과정을 마친 후에는 언어 능력을 더 키우도록 꾸준히 연습해야 합니다. 파닉스 과정을 마치고 나서도 글을 읽는 데 오래 걸리면 글을 읽는 재미도 못 느끼게 됩니다. 읽는 것을 버거워하면 글의 내용을 즐길 겨를이 없습니다.

    파닉스 과정에서 공식을 공부하고, 파닉스 과정 이후에는 그 공식을 적용하는 공부가 필요합니다. 공식을 적용하기 위한 가장 좋은 방법은 많은 글을 읽어내는 것입니다. 글을 읽으면 읽을수록 소리언어와 문자언어를 연결하는 속도가 빨라져서 글 읽기가 빨라집니다. 제가 어렸을 때는 글 읽기를 연습하는 속독학원이 있었습니다. 글 읽기가 빨라지면 문해력도 향상되어 글을 더 재미있게 읽을 수 있습니다.

그런데 언어에는 휘발성이 있습니다. 좋은 강의를 10번 듣는 것과 1번 듣고 나서 필사를 하는 것 중에 어느 것이 더 기억에 오래 남을까요? 후자입니다. 읽기와 쓰기는 문자언어와 관련된 활동인데, 그저 많이 읽으라고만 하면 아이들은 지겨워합니다. 아이들이 좋아하는 소재를 다루는 글이라면 재미있게 읽을 수 있습니다. 아이들은 무엇에 재미와 흥미를 느낄까요? 아이들마다 조금씩 다릅니다. 어떤 아이는 공룡을 좋아하고, 어떤 아이는 공주 이야기를 좋아하고, 어떤 아이는 바퀴 달린 것들을 좋아합니다.

아이가 좋아하는 것을 가장 잘 아는 사람은 아이의 부모입니다. 아이를 가만히 들여다보면 아이가 무엇을 좋아하는지 알 수 있습니다. 밥 먹는 것도 잊은 채 몰두하는 것, 온통 정신이 팔려 있는 것이 아이가 좋아하는 것입니다. 야구를 좋아하는 제 친구의 아이는 야구와 관련된 팸플릿, 경기내용이나 선수와 관련된 기사 등을 읽더니, 나중에는 야구와 관련된 책 읽기로 확장했습니다. 아이가 좋아하는 책을 읽으면 부모님이 따라다니면서 "책 읽어라, 얼마나 읽었니?"라는 말을 하지 않아도 됩니다.

이러한 책 읽기 또는 아이가 좋아하는 책을 홈런북이라고 합니다.

홈런북은 말 그대로 야구에서 홈런을 치듯이, 아이가 좋아하는 책을 읽으면서 문자언어를 학습하는 것을 의미합니다. 홈런북은 배우고 나서 익히지 않으면 기억 속에서 사라지는 글자들을 잡아주고, 언어 능력을 확장시켜주는 결정적인 한 방입니다.

아이들은 자신이 좋아하는 홈런북을 읽고 또 읽습니다. 외울 정도로 반복해서 읽습니다. 외울 정도로 읽게 되면 완전학습이 됩니다. 이는 공부의 정석이기도 하죠. 한 번 보고 끝내는 것이 아니라 반복해서 꼼꼼히 보는 것은 전교 1등의 공부방법이기도 합니다.

저 역시 제 아이의 홈런북을 찾기 위해 많은 책을 읽도록 했습니다. 그러던 어느 날 도서관에서 우연히 홈런북을 찾았습니다. 그 책은 바로 『흔한남매』였습니다. 재미있는 유튜브의 내용을 책으로 엮은 것을 도서관에서 발견했습니다. 이런저런 책을 한 트럭분량만큼이나 보여줘도 시큰둥하고, 도서관에 가는 것도 싫어하던 녀석이 그 책을 발견하고는 뛸 듯이 기뻐했습니다. 저녁때가 되어서 배고플 텐데도 집에도 안 가려 하고 그 책을 다 읽고 간다고 떼를 쓰는 것을 보고, 그 책이 우리 아이의 홈런북이라는 것을 알게 됐습니다. 나중에 알고 보니 '흔한남매' 시리즈는 아이들 사이에서 꽤 유명한 책이었습니다.

그리고 영어 책 홈런북은 학교 교실에 비치된 책들을 보다 발견하게 됐습니다. 『다이어리 오브 윔피 키드(diary of Wimpy kid)』는 교실 북코너에 꽂힌 책 중 하나였습니다. 이 책은 미국의 초등학교 2학년 아이들이 좋아하는 책인데요. 3년이 지난 지금, 초등학교 5학년이 되었는데도 이 책을 보며 낄낄거리곤 합니다. 우리 아이는 이 책을 얼마나 좋아하는지 영국판도 읽었습니다. 심지어 미국판과 영국판을 읽으며 스펠링이 조금 다른 단어까지 모두 찾아냈습니다.

미국 학교에서는 책 읽기를 권장합니다. 초등학교 전 학년 각 교실마다 한쪽에 작은 북 코너를 마련해 놓았습니다. 또 매일 아침마다 자신이 가지고 온 책으로 책 읽기를 시작하는데, 교실에 있는 책들을 골라서 보는 시간도 따로 가지고 있습니다. 게다가 매년 책 읽기 이벤트도 열립니다. 아이들은 학교에서 나눠주는 팸플릿을 보고 자신이 읽고 싶은 책을 신청하면 구매할 수 있습니다. 학교에서도 가정에서도 책 읽기를 장려하는 좋은 환경을 만들어주면 좋겠습니다.

책 읽기로
파닉스의 날개를 달자

앞서 말했듯이 파닉스 과정을 마쳤다고 해서 손 놓아 버려서는 안 됩니다. 이제부터 시작이라고 생각해야 합니다. 홈런북을 만나기 전에 아이에게 책을 읽으라고 하면 읽을까요? 절대 안 그럴 겁니다.

책 읽기도 유전입니다. 부모가 책 읽기를 싫어하면 아이도 싫어합니다. 부모가 책 읽기를 좋아하면 아이도 책 읽기에 관심을 가지겠지만 영어 책 읽기는 한글 책 읽기와 달라서 특별한 전략이 필요합니다. 우선 책 선정부터 잘해야 합니다.

| 책 선정 방법

    파닉스를 처음 익힌 직후에는 한 페이지에 5단어 안팎의 문장이 있는 10페이지 분량의 책을 읽는 것이 좋습니다. 가능하면 배우고 있는 파닉스 레벨 수준의 단어와 문장이 있는 책 중에서 아이가 직접 고르도록 해주세요. 동화책이든 리더스북이든 다양한 책들을 접하게 하면 아이가 어떤 소재를 좋아하는지, 어떤 그림을 좋아하는지 알 수 있습니다. 제 친구네 아들은 주황색 표지의 책만 골랐다고 합니다. 아이가 주황색을 좋아해서랍니다.

    동화책은 아이들이 보는 책이라서 쉬울 것 같지만 쉬운 책도 있고 어휘나 문장이 어른이 봐도 만만치 않은 책들도 있습니다. 그림이 마음에 든다고 덜컥 골랐다가 한두 페이지도 읽기 어려워 포기하기도 합니다. 그러니 쉬운 동화책을 골라주세요.『밥북(Bob Books)』은 손바닥만 한 크기의 책으로 여러 권이 한 세트로 되어 있는데 가성비도 좋습니다. 파닉스의 각 단계별로 사이트 워드까지 촘촘하게 구성되어 있습니다. 그룹 수업을 하는 경우 학생들에게 한 권씩 나눠주어 읽게 하고 발표하는 수업으로 활용해도 좋은 책입니다.

    동화책을 보면서 리더스북을 섞어서 봐도 좋습니다. 파닉스 단계별 어휘와 문장을 반복 학습하는 데 좋기 때문입니다.『옥스퍼드 리딩 트리(ORT)』와『I can read』시리즈는 미국 아이들이 파닉스를 익히는 과정에서 가장 많이 보는 책인데, 우리 아이도 이 책을 읽고 효과를 톡톡히 보았습니다.

| 책 읽는 방법

　파닉스 과정을 마치고 처음 책 읽기를 하면 소리 내지 않고 눈으로만 읽으면 힘들 수밖에 없습니다. 이 단계의 아이들은 아직 책 읽기가 익숙하지 않아서 눈으로 글자를 대충 봅니다. 그러니 반드시 소리 내서 읽도록 해주세요. 아이가 힘들어하면 읽는 양을 줄이되 소리 내서 읽기를 포기해서는 안 됩니다. 낭독은 한동안 유지되어야 합니다. 낭독으로 파닉스를 뿌리내리고 묵독으로 넘어가는 것이 좋습니다. 낭독은 최소 1년 이상 해야 합니다.

　책을 처음 읽을 때는 한 번에 10분 정도 읽습니다. 생각보다 소리 내서 읽기가 힘들고 초등학교 3학년 이하의 아이라면 집중력도 부족해서 10분씩 몇 회로 나눠서 읽게 하는 것이 좋습니다. 처음엔 주 1회로 가볍게 시작하고, 2~3주 후에는 주 2회, 두어 달 후에는 매일 30분 이내로 책을 읽는 것이 바람직합니다. 책 읽기 시간을 정하고 그 시간에 아이도 부모님도 서로가 원하는 책을 정해진 장소에서 읽는 분위기를 만드시기 바랍니다. 이때 부모님도 스마트폰을 사용하지 마시고 같이 책을 읽어야 합니다.

| 책 읽는 환경 만들기

뭐든 혼자 하면 재미없습니다. 초등학교 3학년 이전의 아이들은 부모님과 같이하는 것은 뭐든지 좋아합니다. 책 읽기도 아이 혼자 하게 하지 마시고, 엄마나 아빠, 할머니, 동생 등 누구라도 같이하면 즐거워집니다.

그리고 처음엔 책 읽는 장소를 정해 주세요. 혼자서 방에서 읽는 것보다는 다 같이 생활하는 거실이나 주방에서 읽는 것이 좋습니다. 또 처음 영어 독서를 할 때는 시간도 정해 주면 좋습니다. 그 시간에 당연히 독서를 해야 하는 것으로 알면 굳이 잔소리를 안 해도 되고, 규칙적인 독서 습관도 형성됩니다. 예를 들어, 매주 토요일에 저녁 먹고 8시, 매주 일요일에 아침 먹고 나서 9시로 독서 시간을 정할 수 있습니다. 독서 시간은 아이와 상의해서 가장 여유로운 시간으로 정하는 것이 좋습니다. '60일의 기적'이라는 말이 있습니다. 뭐든 습관을 형성하려면 60일간 실천해야 합니다. 처음에는 이제까지 안 해왔던 책 읽기를 해야 하니 몸도 마음도 거부감이 들 테지만 습관이 형성되면 분명 달라질 것입니다.

| 독후 활동

책을 읽고 나서 검사하듯이 묻지 마시고, 아이와 가볍게 대화하듯 책 내용에 대해 이야기 나누시는 게 좋습니다. 아이에게 먼저 묻기보다는 부모님이 읽은 책 이야기를 먼저 들려주시는 게 좋습니다. 가르치듯이 말씀하지 마시고 친구에게 책 이야기를 들려주듯이 편하게 생각나는 대로 말씀하시면, 아이도 책을 읽고 나서 어떻게 이야기를 끄집어내는지 따라 배우게 됩니다.

책은 굳이 안 사셔도 됩니다. 편하게 많이 읽히도록 도서관에서 대여해도 충분합니다. 아이가 처음에는 책 읽기를 좋아하지 않더라도 어느 정도 기다려주는 시간이 필요합니다. 아이가 책 읽기도 싫어하고 실력도 늘지 않는 것 같지만 천천히 꾸준히 하다 보면 어느 순간 눈에 띄게 성장하기도 합니다. 또 책 읽기를 목표로 하지 말고 아이와 즐거운 시간을 보낸다고 생각하면, 부모님도 아이도 좀 더 편하게 책 읽기를 할 수 있습니다.

아이의 손에 책을 쥐어주는 데 성공했다면 이제 얼마나 오랫동안 지속하느냐에 따라 책 읽기 습관이 형성됩니다. 아이와 함께 정해진 시간에 책을 읽다 보면 어느 날에는 책 읽는 시간이 아닌데도 아이 혼자서 책을 보게 될 것입니다. 아이에게 맞는 홈런북과 만나게 되는 것이죠. 홈런북을 찾았다면 이제부터 아이 혼자서도 충분히 책 읽기를 즐길 수 있으니, 정해진 책 읽기를 좀 더 여유롭게 진행해도 됩니다.

그런데 홈런북 찾기는커녕 책 읽기 자체를 너무 싫어하면 어떻게 해야 할까요? 그런 아이들은 영어 책은 둘째치고 한글 책도 싫어하는 경우가 많습니다. 이런 아이에게는 영어 책을 읽기 전에 한글 책부터 읽히도록 하는 것이 좋습니다. 한글 책도 읽기 싫어하는 아이에게 모국어도 아닌 외국어로 된 영어 책을 읽히게 하는 것은 너무 어렵습니다. 한글을 익히고 나서 영어를 배우듯이, 한글 책 읽기 습관을 기르고 나서 영어 책 읽기를 시작하는 것이 좋습니다.

그런데 한글 책은 좋아하고 곧잘 읽는데 영어 책을 싫어하는 아이들도 있습니다. 이런 경우 시중에 학습교재로 나오는 독해집을 활용해 보는 것이 좋습니다. 아이들이 좋아할 만한 내용들이 비교적 짧은 지문으로 구성되어 있어서 부담 없이 하나씩 읽기 좋습니다. 아니면 한국에서 발행되는 어린이용 영자신문을 활용해도 좋습니다.

그리고 온라인 육아카페에서 좋은 정보를 얻을 수도 있습니다. 남자아이들이 좋아하는 책, 여자아이들이 좋아하는 책을 리뷰 등을 통해 발견하실 수도 있습니다.

끝으로, 다시 한 번 강조하고 싶습니다. "파닉스를 했으니 이제부터 책 읽어라"라고 한다면 아이는 결코 책을 읽지 않습니다. 아니, 못 읽습니다. 기왕이면 우리 아이가 좋아할 만한 홈런북을 가지고 책 읽는 시간과 방법, 장소 등을 고려해 책 읽기를 시작하면 성공할 확률을 높일 수 있습니다. 파닉스 과정을 마치고 처음 책 읽기를 시작할 때 일상에서 문자학습이 잘 이루어지도록 좋은 계획을 세우시기 바랍니다.

실수해도 괜찮아,
회복탄력성 키워 주기

공부는 끝없이 새로운 것을 배워야 합니다. 공부한 내용들을 실수 없이 모소리 이해하라고 한다면 아이는 숨이 막힐 겁니다. 한 번 듣고 이해하는 아이는 세상에 거의 없습니다. 대부분의 아이는 많은 시행착오를 겪으면서 공부한 내용을 이해하고 성장합니다. 그런데 가까스로 하나를 이해한 아이들에게는 다음 진도가 기다립니다. 공부한 것들을 모조리 이해해야 100점을 맞고 1등을 할 수 있는데, 1등은 한 명뿐이고 나머지는 루저가 되고 맙니다.

아이들이 실수하더라도 공부하는 과정을 즐기도록 격려해야 합니다. 하지만 우리 사회는 실수와 실패에 가혹한 것 같습니다. 우리 사회에 만연한 성공우선주의는 우리 아이들이 공부할 때도 드러납니다.

오늘날 미국 사회가 발전한 것은 실패를 두려워하지 않는 도전정신을 응원하는 문화가 있기 때문입니다. 에디슨은 "성공은 실패의 어머니"라는 말을 남겼고, 오늘날 미국을 대표하는 애플과 구글 등도 처음에는 벤처 기업으로 출발했고 여러 실패를 교훈 삼아 지금처럼 성장할 수 있었습니다. 반면에 우리 사회는 아이들에게 '실패하면 루저가 된다'는 생각을 심어주는 것 같습니다. 많은 학부모들이 자녀를 1등을 만들기 위해 혈안이 되어 있는 것 같습니다. 하지만 그럴수록 아이들은 실패에 대한 두려움만 키울 뿐입니다.

회복탄력성, 우리 아이들에게 실패해도 일어설 수 있는 용기를 심어주어야 합니다. 실수하고 실패할 때마다 마음에 담아두지 말고 다시 시작해야 아이는 성장할 수 있습니다.

아이가 태어나자마자 '엄마'라는 단어를 한 번만 듣고 말할 수 있을까요? 한글을 모국어로 익히는 우리 아이들은 '엄마'라는 단어를 수십 번 수백 번 틀리게 말하면서 제대로 발음할 수 있습니다. 그리고 아이가 처음으로 '엄마'라고 말하면 아이의 부모님은 세상 누구보다 내 아이가 기특하다고 생각하셨을 겁니다.

그런데 이상하게도 영어를 가르칠 때는 아이를 야박하게 대하십니다. 처음 파닉스를 공부하는데 한 번에 단어를 못 읽어내면 아이를 다그치시기 때문입니다. 처음 파닉스를 배우기 시작하는 아이들은 이제 막 "엄마"와 "아빠"라는 단어를 내뱉기 시작한 갓난아이와 같습니다. 수없이 틀리게 발음하고, 실패해도 다시 도전하고, 교정해

가면서 비로소 파닉스의 원리를 깨칠 수 있습니다 실수하고 실패해도 나무라지 않고 응원해 주는 수업환경에서 우리 아이들의 영어 실력은 향상될 수 있습니다.

언어학자 스티븐 크라셴(Stephen D. Krashen) 박사는 "학습자의 불안감이 높고 자존감이 낮으면 동기부여도 낮아져서 성장을 가로막는다"고 했습니다. 반대로 편안한 환경에서는 부담 없이 학습에 집중할 수 있다고 합니다.

한국 아이들은 영어 말하기 대회에 종종 나가는데 이때도 씁쓰름한 풍경이 펼쳐집니다. 열심히 준비했지만 막상 무대에 올라서면 낯설고 두려워서 제 실력을 발휘하지 못하는 아이들이 많습니다. 평소에는 너무나 잘했는데 잘해야 한다는 강박관념이 불안감을 만들어 머리가 하얘진 것입니다. 영어 말하기 대회에서 편안하게 대화하듯 말했다면 좋았을 텐데 안타까운 일입니다.

마찬가지로, 교실에서 수업할 때도 아이들이 편해야 합니다. 틀릴까 걱정하고 실수할까 두려워하는 환경에서는 아이들이 성장할 수 없습니다. 특히나 어른들도 공부하기 힘들어하는 영어를 배우는 아이들은 의자에 앉아 있는 것만으로도 칭찬을 받아야 합니다. 한 번 배운 것을 칼같이 기억할 수 없는데 어른들은 "지난번에 배운 건데 또 기억하지 못하네!", "몇 번을 말해야 알겠니?", "이것도 몰라?"라고 하면서 아이들을 다그칩니다.

아이들을 칭찬해 주고 격려해 주어야 합니다. 진정한 배움은 실수와 실패를 반복하고 다시 도전하는 과정의 연속임을 깨닫게 해주어야 합니다. 아이들 스스로 회복탄력성을 키우게 해야 합니다. 영어를 공부하는 아이들에게 '틀리면서 실력이 늘게 된다'는 생각을 심어주어야 합니다. 이러한 환경을 조성해 주어야 살아 있는 영어 수업이 될 것입니다.

아이의 습관과 태도, 관계가 영어 실력을 좌우한다

아이가 태어났을 때는 그저 건강하기만을 바라다가, 아이가 학교에 들어가면 이것저것 욕심이 생기게 됩니다. 영어를 처음 시작하고 파닉스 과정을 마치고 나면 영어로 할 수 있는 것들이 많아지면서 부모님들이 바빠집니다. 부모님이 건네는 학습 시간표대로 잘 따라가는 아이도 있지만 딱 버티고 안 하는 아이도 있습니다. 홈런북을 찾아서 같이 읽고 싶은데 안 하려 하거나, 학원에서 내주는 숙제를 안 하는 것입니다. 부모와 아이는 서로 부딪치고 오히려 관계만 나빠지기도 합니다.

공부 잘하는 아이로 키우고 싶다면 먼저 아이에게 좋은 공부 습관과 태도가 있는지 확인해야 합니다. 공부 습관과 태도가 공부 잘하는 아이를 만듭니다. 1등을 하는 아이들도 공부가 재미있어서 하는 경우는 드뭅니다. 그냥 해야 한다고 하니까 하는 것입니다. 하지만 자기주도적으로 공부하는 아이는 공부가 어렵고 힘들더라도 참고 인내합니다. 공부하는 것이 지겹기도 하지만 언젠가 자신이 꿈꾸는 삶을 이루기 위해 열심히 공부하려 합니다. 사람은 누구나 자신에게 주어진 일을 열심히 해내야 성공하는데, 학생에게 공부는 열심히 해야할 일이라고 스스로 동기부여를 하는 것입니다. 이러한 아이들은 스스로 공부 습관을 형성해 나가고 점점 성장하는 자신을 발견하면서 성취감도 맛봅니다.

파닉스 과정을 마친 이후 홈런북을 안착시키는 과정에서도 많은 부모님들이 "아이가 책 읽기를 싫어해서 문제"라고 말씀하시며 힘들어하십니다. 제 아이 역시 책 읽기를 좋아하지 않아서 홈런북을 안착시키는 것은 쉽지 않았습니다. 처음엔 말을 좀 듣는가 싶더니 나중엔 "이걸 왜 해야 하느냐?"고 묻기도 하고, 하기 싫다고 울기도 했습니다. 하지만 저는 아이가 홈런북을 스스로 찾아낼 때까지 기다려주었습니다. 시간이 좀 걸렸지만 아이 스스로 책 읽는 습관이 길러지게 되었습니다.

영어 수업을 처음 시작하는 파닉스반에서는 다음과 같은 일들이 흔히 벌어집니다. 영어를 처음 배우는 아이들은 영어가 뭔지 파닉스가 뭔지 얼떨떨합니다. 저는 이런 아이들에게 파닉스 수업을 시작하면서 스스로 교재, 노트와 연필 등을 준비하게 합니다. 억지로 시키는 공부는 부작용만 낳기 때문입니다. 아이들로 하여금 자기주도적으로 공부하게 하려면 수업시간이 즐거워야 합니다. 그래서 첫날 수업부터 알파벳 노래를 들으면서 파닉스 수업이 재미있다고 깨닫게 합니다. 그리고 아이들로 하여금 교재와 노트, 연필을 준비하는 습관을 길러줍니다.

그런 점에서 볼 때 유치원 선생님들이 수업을 시작하기 전에 아이들에게 시키는 노래에서 배울 게 있습니다. 선생님이 먼저 "준비됐나요?"라고 노래를 부르면 아이들이 "네, 네, 선생님!"이라고 노래를 부릅니다. 그러면 또 선생님이 "예쁘게 됐나요?"라고 하면 아이들이 "네, 네, 선생님!"이라고 노래를 부르며 대답합니다. 마지막으로 선생님이 "시작할까요?"라고 노래를 부르며 수업을 시작합니다. 이처럼 습관과 태도가 잡히면 자연스럽게 수업에 참여하게 됩니다.

파닉스 수업 또한 좋은 학습 습관과 태도가 형성되어야 학습 효과가 뛰어납니다. 언어의 4가지 기본 기술인 듣기와 말하기, 읽기와 쓰기를 모두 익히는 파닉스 수업은 양보다는 질이 중요합니다. 많이 하는 것보다 제대로 해야 합니다. 영어로 말할 때는 입술과 혀의 위치를 잡으면서 정확히 발음하려고 애쓰는 습관을 길러야 합니다. 쓰기를 할 때는 영어 철자를 보고 베껴 쓰기를 하면 안 됩니다. 소리 나는 대로 철자를 쓰는 습관을 길러야 합니다. 읽기를 할 때는 낭독하는 습관을 길러야 합니다.

그런데 좋은 학습 습관과 태도를 만들기 위해서는 부모님과 아이의 관계가 좋아야 합니다. 부모와 자식 사이가 좋지 않으면 아이는 부모 말을 따르지 않습니다. 그렇다면 아이들은 어떤 부모를 좋아할까요?

아이들은 잘 놀아주는 사람과 좋은 관계를 맺습니다. 아이들은 말로 놀아주는 것보다 몸으로 놀아주는 사람을 더 좋아합니다. 밖에 나가서 공놀이도 함께하고, 집 안에서 장난감을 같이 가지고 놀면 좋아합니다. 부모가 아이와 함께 놀아주면 부모와 자식 사이에는 사랑이 싹틉니다. 아이들은 자신이 좋아하고 사랑하는 사람의 말을 잘 따르는 경향이 있는데, 자신이 좋아하는 사람이 자신이 하기 싫어하는 것을 시키더라도 하는 시늉이라도 내게 됩니다.

안타깝게도 아이와 몸으로 놀아주며 좋은 관계를 형성하는 것은 초등학교 3학년 이후에는 힘들 수도 있습니다. 3학년 이후에는 부모보다 친구들과 노는 것을 더 즐기기 때문입니다. 그러니 자녀가 어리신 분들은 지금 힘들더라도 딱 10살까지만 놀아주면 된다고 생각하며, 최선을 다해서 놀아주세요. 그러면 아이와 오래도록 좋은 관계를 유지할 수 있습니다.

유학, 어학연수, 캠프
200퍼센트 활용하기

많은 학부모님들이 아이에게 영어를 가르치기 위해 해외여행이나 어학연수, 캠프, 유하 등을 고민하십니다. 그런데 잘하면 좋은 경험이나 기회를 제공하지만 자칫하면 돈만 낭비할 수도 있습니다. 저는 초등학교 2학년까지는 해외여행을 권하지 않습니다. 이 시기의 아이들은 비행기만 타고 가는 것만 다를 뿐 국내와는 다른 해외의 문화적 정서를 충분히 만끽하지 못하기 때문입니다. 영어를 모국어로 사용하는 사람들의 발음을 듣는 것은 둘째치고 문화적인 경험을 할 수 있을 만한 사고력도 부족합니다. 그러니 이른 시기에 해외여행이나 캠프, 어학연수 경험을 하는 것은 그리 도움은 안 됩니다.

초등학교 3학년 이후에 아이들과 해외여행을 하면 크게 세 가지로 나누어 준비하시는 것이 좋습니다. 여행을 가기 전, 여행지에서 그리고 여행을 다녀와서 등으로 나눠서 준비하시기 바랍니다. 여행을 가기 전에는 설렐 수밖에 없는데, 여행을 가기 전에 현지에서 무엇을 할지 계획해 보세요. 무작정 가는 것보다 그 나라의 역사와 문화를 알아보고 가는 것이 좋습니다. 아는 만큼 보이기 때문입니다.

| 해외여행 200퍼센트 활용하기

해외여행을 가기 전에는, 그 나라에 대해 이해할 수 있는 자료들을 공부하는 것이 좋습니다. 아이의 눈높이에 맞는 자료들을 함께 찾거나 각자 준비한 자료를 서로 공유해도 좋습니다. 가고자 하는 나라나 도시의 특징을 조사하고, 만약 자유여행을 한다면 아이가 가고 싶어 하는 곳을 목적지로 선정하는 것도 좋습니다. 이번에 여행 가는 곳은 어디에 위치해 있는지, 비행기를 타고 몇 시간 걸리는지, 시차가 생기면 왜 시차가 생기는지, 그러면서 달의 자전과 공전까지도 이야기할 수도 있습니다. 그리고 그 나라의 화폐 단위는 어떻게 되는지, 얼마의 용돈이 필요한지, 현지에서 쓸 돈을 준비하기 위해 은행에서 직접 환전해 보면 왜 나라마다 화폐 단위가 다른지도 이야기할 수 있습니다. 또 우리와 다른 생활과 문화를 하나하나 비교해 보면서 그 나라에 대해 이해할 수도 있습니다. 그리고 가고자 하는 여행지를 구글로 먼저 검색해 보고 이야기해 보는 것도 좋습니다.

여행지에 가서는, 아이에게 그 나라에서 쓰이는 돈을 적당히 현금으로 주고, 사고 싶은 물건을 직접 영어로 말해서 사도록 하는 것이 좋습니다. 여행 중에 지출한 돈을 용돈기입장에 기록하고, 용돈 관리를 직접 하도록 한다면 어려서부터 경제 관념도 기를 수 있습니다. 그리고 메모장을 지참해 여행 중에 보고 듣고 느낀 점들을 간단하게라도 기록하도록 해주세요. 그리고 하루를 마무리하면서 일기를 써보는 것도 좋습니다.

여행을 다녀와서는, 다녀온 곳들의 팸플릿, 사진 그리고 매모장과 일기장을 보면서 현지에서 보고 듣고 배운 점을 다시 한 번 떠올리는 것이 좋습니다. 이것들을 활용해 가족신문을 만들거나 책의 형태로 만들어보면서 정리하는 시간을 가집니다. 그냥 흘려보내는 것과 문자언어로 기록하는 것은 다릅니다. 그리고 조부모님이나 친구, 친척을 만날 때 여행을 다녀온 경험과 배운 점을 발표하도록 해주세요. 자신의 생각을 발표하다 보면 한 가지 깨닫는 점이 있습니다. 발표를 잘하기 위해서는 생각을 잘 정리해 말해야 한다는 것을요. 든든한 자기 편인 조부모님 앞에서 발표하면 말하기에 자신감이 생길 수 있습니다.

| 유학/이민 200퍼센트 활용하기

많은 분들이 유학이나 이민을 갈 때 영어를 어떻게 준비해야 하는지를 궁금해하십니다. 초등학교 3학년 전이라면 영어는 준비하지 마시고 오히려 국어를 더 공부하는 게 좋습니다. 왜냐하면 10세 이전에 유학이나 이민을 가서 해외에서 생활하게 되면 금세 그 나라의 언어가 모국어가 되기 때문입니다. 다만 몇 년 안에 돌아오면 이도 저도 안 되어서, 국어도 영어도 잘하지 못할 수도 있습니다. 그러면 한국에 돌아와서 학교 공부에 지장을 받습니다. 국어를 모르면 다른 과목을 공부하는 데도 어려움을 느끼게 됩니다. 가능하면 초등학교 1학년 때부터 한 나라의 교육시스템대로 공부해야 큰 혼란 없이 교육과정을 마칠 수 있습니다.

부득이 유학 또는 이민을 몇 년이라도 다녀오게 되면 국어가 흔들리지 않도록 세심한 배려가 필요합니다. 몇 년 후에 한국으로 돌아와서, 모든 공부의 토대가 되는 국어 실력이 또래에 비해 너무 부족하지 않은지 살펴봐야 합니다. 또한 해외 체류 기간이 길지 않다면 영어를 조금은 할 수 있지만 원어민처럼 잘하기를 기대할 수는 없습니다. 한국으로 돌아와서는 해외에서처럼 영어를 깊이 있게 공부하기는 어려우니, 한국에서 영어를 공부하는 것에 거부감을 느끼고 대학 진학에 어려움을 겪는 사례도 많습니다.

유학이나 이민을 가서 그 나라에서 계속 살게 되는 경우에도 한국어를 잊어버리지 않도록 해야 합니다. 해외에서는 굳이 한국어가 필요 없지 않냐고 생각하실 수도 있지만 부모가 모두 한국인이라면 자녀와 깊이 있는 대화를 나눌 때는 한국어가 필요합니다. 해외에서 태어나지 않는 한 영어로 대화하다 보면 기본적인 의사소통만 하는 것에 그칠 수 있습니다. 다시 말해 말의 뉘앙스를 이해하지 못하고 그 단어와 관련된 배경지식도 없어서 말이 겉돌게 됩니다.

아이의 영어교육을 위해 기러기 아빠나 기러기 엄마가 되시려는 분들이 많은데, 기러기 부모가 되는 순간 내 자식이 아니라고 생각해야 합니다. 가족은 식사를 함께하며 정을 쌓아야 합니다. 하루에 5분이라도 서로 얼굴을 마주쳐야 가족다운 가족이 됩니다. 서로 부딪쳐도 지지고 볶고 해야 가족이 됩니다. 아니면 남이 되고 맙니다. 아이들이 유학 또는 이민 생활에 익숙해지고 그 나라에서 살아가는 법을 터득하면 우리나라로 돌아오기가 쉽지 않습니다. 부모님은 한국에 있고 아이들은 외국에서 살면, 1년에 한 번 만나기도 힘들어집니다. 그러면 남보다 못한 사이가 되고 맙니다.

자녀를 무조건 끼고 살자는 말이 아닙니다. 외국에서 살더라도 모국어의 뿌리를 간직한다면 오랜만에 만나더라도 대화다운 대화를 할 수 있고, 가족의 끈을 이어갈 수 있을 겁니다. 그래서 언어가 중요한 것입니다.

| 캠프 200퍼센트 활용하기

다양한 연령대를 위한 여러 종류의 캠프가 많습니다. 캠프는 너무 이른 시기에 보내거나 너무 길게 참여시키면 안 좋습니다. 초등학교

5학년 이후에 최대 2달가량 참여하도록 하는 것이 좋겠습니다. 캠프에서는 혼자서 밥 먹고, 숙제도 해야 하고, 혼자서 자야 합니다. 캠프에서는 부모를 찾지 않고 혼자 독립적으로 생활해야 하는데, 너무 이른 시기에 캠프에 보내면 문제가 생깁니다. 부모와 떨어져 독립적으로 생활하지 못하는 아이를 억지로 보내보았자 부작용만 생깁니다. 기본적인 생활이 안 되는데 영어를 제대로 배울 수 있겠습니까? 어불성설입니다.

아이들의 성향과 성장 정도에 따라 다르기는 하지만, 2개월 이내의 단기캠프에 보내기 좋은 때는 아이가 또래와 어울리기 좋아하고 밖에서 지내는 데 거부감이 없는 초등학교 5학년 전후입니다. 이때부터 중학교 1학년 때까지가 캠프에 참여하기 좋은 적기입니다. 이 시기에는 아직 사춘기가 본격적으로 시작되지 않아서 말수도 많고 친화력도 있습니다. 또 어느 정도 말귀도 알아듣는 시기라서 상황판단도 잘할 수 있습니다. 그럼에도 불구하고 캠프에 참여하는 기간을 최대 2달 이내로 제한하는 이유는, 아무리 독립적인 아이라도 부모와 오래 떨어져서 생활할 수는 없습니다. 생활이 불안정하면 학습이 힘들어집니다.

안타깝게도 한두 달의 캠프 생활로는 영어를 제대로 익히기는 힘듭니다. 물론 캠프에 가기 전보다 실력은 두 배 정도 늘기는 하지만 영어를 그렇게 호락호락하게 익힐 수는 없습니다. 그래도 캠프에 다녀오면 영어 실력도 어느 정도 향상되고, 영어권 나라의 분위기와 생활 태도, 문화 등을 배울 수도 있습니다. 말로만 듣고 머리로만 이해한 단어의 어감을 보다 생생히 익히고 실생활에서 쓰이는 간단한 표현들도 익히게 됩니다. 무엇보다 말하기에 대한 두려움을 없앨 수 있어서 영어 말하기에 자신감이 붙습니다. 사실 그 두려움을 없애는 것이야말로 돈으로도 살 수 없는 최고의 수확입니다.

캠프에 다녀오면 이러한 이점이 있는데, 공부 일정이 빡빡하게 잡힌 캠프에는 안 보내는 게 좋습니다. 공부를 덜 하더라도 현지인들과 만나서 영어를 배우는 홈스쿨링이나 원어민 가정에서 지내는 홈스테이가 오히려 더 바람직합니다. 영어를 수업 시간에 배우는 교육은 한국에서도 충분히 할 수 있습니다. 그 나라에서 생활해야만 그 나라의 속살까지 엿볼 수 있는데, 현지의 아이들과 지내다 보면 살아 있는 영어를 배울 수 있습니다.

아이를 키우다 보면 짧은 해외여행부터 단기캠프, 유학과 이민에 이르기까지, 여러 고민을 하게 됩니다. 어떤 경험을 하느냐에 따라 아이의 성장은 달라집니다. 좋은 경험과 기회는 아이의 인생에 중요한 터닝포인트가 될 수 있습니다. 그리고 어떻게 준비하느냐에 따라 좋은 시간이 될 수도, 시간 낭비가 될 수도 있습니다. 적절한 시기에 알맞은 경험을 하게 하시길 바랍니다.

내 아이를 알아야
아이의 속도가 보인다

대한민국에 살면서 한 번이라도 영어 공부를 시작하지 않은 사람은 없을 겁니다. 엄마표 영어로 집에서 시작하든, 유치원 또는 학원에서 이른 나이에 시작하든, 학교에서 초등학교 3학년 때부터 시작하든 대한민국의 모든 어린이가 영어를 시작합니다. 그리고 학교를 졸업한 이후에도 영어 공부를 다시 시작하는 사람들도 많습니다. 학업을 마치고 취업 등을 위해서도 영어 공부를 해야 합니다. 우스갯소리로 '수학을 포기하면 대학을 포기하고, 영어를 포기하면 인생을 포기하는 것이다'라는 말이 나돌 정도입니다.

'공부는 타고나야 잘한다'고 하지만 노력으로 잘하게 되기도 합니다. 옛 어른들 말씀처럼 '늦머리가 트이는 경우'가 종종 있습니다. 학창시절에 그렇게 못하던 공부를 20살이 넘어서 잘하게 되면서 뒤늦게 대학에 입학한 경우도 있습니다.

공부를 타고난 아이들이 분명 있습니다. 운동을 타고난 사람, 노래를 타고난 사람이 있는 것처럼 공부 머리 유전자를 타고난 아이들이 있습니다. 영어 역시 선천적으로 잘하는 아이들이 있습니다. 부모님이 문과 출신에다 영어까지 잘한다면 아이 역시 그렇게 될 확률이 높습니다.

영어 중에서도 듣기, 말하기, 읽기, 쓰기는 또 재능과 성향에 따라 실력이 갈리기도 합니다. 말하기를 좋아해서 초등학교 때 영어 말하기 대회나 원어민 수업에서 탁월한 실력을 발휘하다가 중학생이 되어서는 영어 성적이 형편없는 경우도 있습니다. 말하기보다 좀 더 논리적인 사고를 해야 하는 문법은 이과성향의 아이들이 잘하기도 합니다.

암기력이 좋아서 단어 암기를 기가 막히게 잘하는 아이도 있습니다. 고등학생이 되어서 어려운 단어를 많이 외어야 할 때 실력 발휘를 하는 경우도 있습니다. 파닉스 규칙을 적용하든 그렇지 않든, 일단 탁월한 암기력으로 막대한 양의 단어를 모조리 외워서 모의고사에서 좋은 성적을 받을 수도 있습니다. 하지만 그런 아이가 가뭄에 콩 나듯이 매우 드물다는 것이 문제죠. 반면에 암기력이 부족하지만 책 읽기를 좋아하는 아이들은 문해력으로 수능 모의고사에서 좋은 성적을 받기도 합니다. 이처럼 아이마다 재능과 성향이 다릅니다.

그런데 공부라는 잣대로만 아이들을 바라보면 부족한 점만 보이게 됩니다. 내 아이가 좀 부족해 보인다고 해서 공부를 억지로 시킨다면 역효과만 납니다. 하기 싫은 것을 억지로 시키면 오히려 거부감만 커질 뿐입니다. 좀 더디더라도 영어 공부를 좋아하도록 만들어야 합니다. 무엇이든 좋아하면 1의 노력으로 10의 결과를 내지만, 싫어하면 10의 노력으로 1의 결과를 낼 수밖에 없습니다. 그러면 패배감만 커집니다. 내 아이를 영어에 재능이 있는 다른 아이들과 비교하지 마시고, 영어에 흥미와 재미를 느낄 수 있도록 해주시기 바랍니다. 남보다 더디더라도 앞서 말한 좋은 습관과 태도를 기른다면 결국엔 실력이 늘 것입니다.

이런저런 방법들을 동원해 봐도 실력이 안 늘면 조금 쉬었다가 다시 해보고, 그래도 안 되면 목표치를 낮추어도 보고, 그래도 안 되면 스스로 할 수 있을 때까지 기다리시기 바랍니다. 하기 싫은 것을 억지로 시키면 영어 공부에 필요한 시간과 돈만 낭비할 뿐입니다. 뭐든 때가 있는 것 같습니다. 우리 아이들이 스스로 영어 공부의 필요성을 느끼고 공부하기 시작할 때 시간과 돈을 아낌없이 투자하시기 바랍니다. 그때부터 영어 실력이 부쩍 늘 것이고, 아이와 함께 웃는 날이 분명 올 것입니다.

영어 1등급을 만드는 기적의 파닉스 공부법

영어 진짜 잘하는 아이는 파닉스합니다

ⓒ 박은정, 2024

초판 1쇄 인쇄 2024년 11월 17일
초판 1쇄 발행 2024년 11월 25일

지은이   박은정

펴낸이   이성림
펴낸곳   성림북스

책임편집 김종필
디자인   노영현

출판등록 2014년 9월 3일 제25100-2014-000054호
주소   서울시 은평구 연서로3길 12-8, 502
대표전화 02-356-5762 팩스 02-356-5769
이메일   sunglimonebooks@naver.com

ISBN   979-11-93357-38-5 (03370)